Klostermann Texte
Philosophie

Hilary Putnam

Die Bedeutung von „Bedeutung"

Herausgegeben und übersetzt von
Wolfgang Spohn

Vittorio Klostermann Frankfurt am Main

CIP-Kurztitelaufnahme der Deutschen Bibliothek

Putnam, Hilary:
Die Bedeutung von „Bedeutung“ / Hilary Putnam.
Hrsg. u. übers. von Wolfgang Spohn. –
Frankfurt am Main : Klostermann, 1979.
(Klostermann-Texte : Philosophie)
ISBN 3-465-01365-4

Der Text „The Meaning of ‚Meaning‘“ ist entnommen aus dem Sammelband
„Language, Mind, and Knowledge“, herausgegeben von Keith Gunderson.

Original Edition published by the University of Minnesota Press,
Minneapolis, Minnesota, U.S.A.

Satz: Coposatz, Jugenheim
Druck: Erwin Lokay, Reinheim
Umschlag: Limburger Vereinsdruckerei, Limburg

Inhalt

Einleitung des Herausgebers

Im hier übersetzten Aufsatz „The Meaning of ‚Meaning'", erstmals im Jahre 1975 veröffentlicht, hat Hilary Putnam den neuesten Stand seines sprachphilosophischen Nachdenkens am ausführlichsten und vollständigsten niedergeschrieben. Dies hat er in einer Weise getan, daß es eines einführenden Kommentars eigentlich nicht bedarf.[1] Wesentlich einfacher und voraussetzungsloser kann man in diesem philosophischen Gebiete, das alle Grade von Technisierung zuläßt, wohl kaum schreiben. Daher ist dieser Aufsatz auch denen ans Herz zu legen, die noch dabei sind, sich in die Sprachphilosophie hineinzufinden; für diese schienen mir nur Putnams Verweise etwas spärlich, so daß ich da und dort Putnams Bezug explizit gemacht habe.[2] Eine bloße Einführung ist dieser Aufsatz natürlich überhaupt nicht; der Leser wird an umso mehr Stellen einhaken können und müssen, je mehr einschlägige Kenntnisse oder Überzeugungen er mitbringt. –

Daß auch und gerade in der Philosophie unweigerlich fast alles mit fast allem zusammenhängt, ist jedermann, selbstredend auch Putnam, bewußt. Darum ist die Sprachphilosophie nur einer seiner Schwerpunkte, der in enger Wechselbeziehung zu seinen anderen Schwerpunkten steht, der Erkenntnistheorie im allgemeinen und Wissenschaftstheorie im besonderen und der Philosophie der Mathematik, der Physik und des Geistes. Diese Wechselbeziehung klingt im vorliegenden Aufsatz mehrfach an, aber so richtig erschließt sie sich erst im Zusammenhang mit seinen anderen Schriften, die in Form von Aufsätzen ziemlich verstreut und aber in Putnam (1975a, b) wesentlichenteils zusammengetragen sind. Diese Beziehung will ich hier in groben Zügen kurz beschreiben; damit wird, so hoffe ich, die zentrale Stellung, die „The Meaning of ‚Meaning'" in Putnams philosophischem Garten

[1] Der Leser kann sich daher ruhig darauf beschränken, den ersten und den letzten Absatz dieser Einleitung zur Kenntnis zu nehmen.

[2] Diese Bezüge sollte man sich auch anschauen; denn Putnam hat das Geschick, andere Auffassungen an einen völlig absurden Punkt zu treiben – z.B.: „Kooperation ist nicht Vagheit" (S. 89); wie hat man *das* bestreiten können? –, aber eben drum kommen Zweifel auf, wie fair er gegenüber den Positionen ist, die er angreift.

einnimmt, verdeutlicht und gleichzeitig erleichtert, sich in diesem Garten zurechtzufinden.[3]

Ein guter Zugang zu Putnams Philosophieren ist, es als Versuch zu sehen, zur umfassenden Position des logischen Empirismus eine ebenso umfassende Gegenposition zu entwickeln.[4] Diese Sichtweise gewinnt man insbesondere, wenn man den logischen Empirismus durch Putnams Brille betrachtet:

Danach ist der logische Empirismus eine im Grunde idealistische Philosophie.[5] Einen anderen Anstrich als Berkeleys Idealismus, der eine Realität außerhalb des Geistes schlichtweg leugnete, erhielt er vor allem durch zwei Schachzüge: erstens durch die sprachliche Wende, die aus ontologischen sprachliche Probleme machte, und zweitens durch den Übergang von einer phänomenalistischen zu einer physikalistischen Basis. Daß mit diesem zweiten Schritt das idealistische Erbe *nicht* über Bord geworfen wurde, zeigt sich daran, daß statt der Reduktion aller Begriffe, insbesondere solcher, die über materielle Dinge sprechen, auf Begriffe, die über Sinnesdaten sprechen, nun eben die Reduktion aller Begriffe auf Begriffe, die über beobachtbare Dinge sprechen, auf dem Programm stand. Beides scheiterte, was der Prüfstein der Dispositionsbegriffe besonders deutlich machte. Dies führte dann bekanntlich zur Zweiteilung in Beobachtungssprache und theoretische Sprache; die Begriffe der letzteren lassen sich dabei in der Beobachtungssprache nicht definieren, sondern nur durch die sogenannten Zuordnungsregeln partiell interpretieren.[6] Es liegt auf der Hand, daß in diesem Umkreis auch operationalistische und instrumentalistische Tendenzen angesiedelt und gediehen waren.

Angewandt auf die Philosophie des Geistes folgt daraus der logische Behaviorismus: daß psychische Zustände Verhaltensdispositionen seien, beziehungsweise daß mentalistische oder psychologische Begriffe Dispositionsbegriffe seien, deren Manifestationsgesetze beobachtbares Verhalten beschreiben.

[3] Ausführlicher habe ich das in Spohn (1978) geschildert.

[4] Über den Grund dafür, daß Putnam bevorzugt immer wieder den logischen Empirismus aufs Korn nimmt, sollte man sich nicht täuschen; er ist eben für ihn der vornehmste aller Gegner.

[5] Vgl. etwa (1975b), S. 17ff. und S. 207ff.

[6] Ein Schritt, den Putnam in "What Theories are Not", (1975a), Kap. 13, scharf kritisiert.

Den Ursprung für die idealistische Tendenz des logischen Empirismus sieht Putnam in seinem sprachphilosophischen Herzstück, der Verifikationstheorie der Bedeutung, nach der die Bedeutung eines Satzes in der Methode seiner Verifikation besteht; diese machte ja gerade die Reduktion aller Begriffe auf eine phänomenalistische oder physikalistische Basis notwendig. Damit übernahmen die logischen Empiristen zwei gängige Annahmen: erstens die Annahme, daß es zum Verständnis der Bedeutung oder Intension eines Ausdrucks lediglich darauf ankomme, sich in einem bestimmten psychischen Zustand zu befinden, nämlich demjenigen, der die Kenntnis der jeweiligen Verifikationsmethode ausmacht; und zweitens die Annahme, daß die Bedeutung eines Ausdrucks seine Referenz bestimme, das heißt, daß aus der Intensionsgleichheit zweier Ausdrücke ihre Extensionsgleichheit folge.

Die Verfikationstheorie der Bedeutung liefert das Fundament für zwei weitere Säulen des logischen Empirismus: die These von der Sinnlosigkeit der Metaphysik und die Verwerfung synthetischer Sätze a priori. Das letztere verband sich mit der Neigung, die Anwendung des Analytizitätsbegriffs von harmlosen Fällen wie dem, daß Junggesellen unverheiratet sind, auf tieferliegende Fälle auszudehnen, etwa auf die Zusammenhänge zwischen den theoretischen Begriffen und der Beobachtungsbasis.[7] Da analytische Sätze kraft Sprachkonvention wahr sind, wurden gleichzeitig konventionalistische Thesen prominent: zum Beispiel, daß mathematische Lehrsätze konventionale Wahrheiten seien.

Dem entsprach außerdem eine vergleichsweise leichtfertige Inanspruchnahme von Bedeutungs- und Referenzänderungen; denn die Verwerfung für analytisch gehaltener Sätze ließ sich nur mittels solcher Änderungen erklären. Da sich nicht einzelne theoretische Sätze, sondern nur ganze Theorien der Erfahrung gegenüberstellen lassen und daher die Bedeutung und auch die Extension eines Ausdrucks gemäß der Verifikationstheorie der Bedeutung von der ganzen Theorie, in der er vorkommt, abhängt, kam es sogar zu der extremen Behauptung, daß sich mit jeder Änderung einer Theorie auch die Bedeutung und womöglich die Referenz ihrer Ausdrücke ändere, und im Gefolge

[7] Vgl. "The Analytic and the Synthetic", (1975b), Kap. 2, insbesondere S. 36ff.

davon zur These von der Inkommensurabilität wissenschaftlicher Theorien.

Schließlich hängt damit in Putnams Augen die Unfähigkeit der Empiristen zusammen, einen Theorien übergeordneten Wahrheitsbegriff, wie er den Wissenschaften zugrunde liegt, anzugeben; denn wenn Referenz theorieabhängig ist, so gilt dasselbe für Wahrheit; der Wahrheitsbegriff läßt sich dann jeweils nur innerhalb einer Theorie erklären.[8] Dies hat zuletzt zur Folge, daß der kumulative Charakter und der Fortschritt der Wissenschaft vernachlässigt wird und wissenschaftlicher Erfolg unerklärt bleibt.

Putnam hält dies alles von vorn bis hinten für *irregeleitet,* und zwar schon und gerade in der *Tendenz,* auf deren ganz knappe Schilderung ich mich hier beschränken mußte.[9] Was er dem entgegensetzt, ist, mit seinen eigenen Worten, ein *realistischer* Standpunkt: „Wissenschaftliche Aussagen sind meiner Auffassung nach entweder wahr oder falsch (auch wenn wir häufig nicht wissen, was von beidem sie sind), und ihre Wahrheit oder Falschheit rührt nicht etwa daher, daß sie äußerst sublimierte Beschreibungen von Regelmäßigkeiten in der menschlichen Erfahrung wären. Die Wirklichkeit ist nicht Teil des menschlichen Geistes; vielmehr ist der menschliche Geist Teil der Wirklichkeit, in der Tat ein winziger Teil. . . . Mir ging es dabei in den letzten fünfzehn Jahren nicht darum, viel Aufhebens von der Richtigkeit des Realismus zu machen, sondern darum, bestimmten philosophischen und wissenschaftstheoretischen Fragen von einem bestimmten realistischen Standpunkt aus nachzugehen“ (1975a, S. vii).

Ebenso grundlegend wie für den logischen Empirismus die Verifikationstheorie der Bedeutung ist für Putnam seine Sprachphilosophie, die er im hier übersetzten Aufsatz darlegt. Um zu schildern, inwiefern sie grundlegend ist, muß ich ihr hier nun doch ein wenig vorgreifen:

Putnam rollt den logischen Empirismus gerade von den zwei vorerwähnten Annahmen her auf. Aus diesen Annahmen ergibt sich nämlich

[8] Vgl. (1975b), S. xf., und hier S. 48 ff.

[9] Will man Putnams Kritik personalisieren, so trifft sie natürlich vor allem Carnap. Aber auch mit anderen geht Putnam scharf ins Gericht, z.B. mit Malcolm (in „Dreaming and ‚Depth Grammar'“, (1975b), Kap. 15), mit Ayer (in „The Concept of a Person“, (1975b), Kap. 7) und mit sich nicht zu den logischen Empiristen zählenden Philosophen wie Popper (in „The ‚Corroboration' of Theories“, (1975a), Kap. 16) und Feyerabend (in „How Not to Talk About Meaning“, (1975b), Kap. 6).

unmittelbar, daß die Extension eines Ausdrucks durch den psychischen Zustand jeder diesen Ausdruck verstehenden Person, also individuell bestimmt ist, und das ist falsch (vgl. S. 27–31). Denn damit wird die Rolle übersehen, die die soziale und die natürliche Umgebung bei der Bestimmung der Referenz eines Wortes spielen.

Daß die soziale Umgebung zur Referenzbestimmung beiträgt, kommt in Putnams Hypothese von der sprachlichen Arbeitsteilung zum Ausdruck: der Hypothese, daß es häufig so ist (und daher auch genügt), daß nur einige Benützer eines Wortes, die Sachkundigen, dazu imstande sind, zuverlässig festzustellen, auf welche Gegenstände dieses Wort zutrifft, und daß die Laien bei der Verwendung dieses Wortes auf die Kooperation mit den Sachkundigen angewiesen sind (vgl. S. 37 ff.). (Zum Beispiel sind die Experten in Bezug auf „Gold" diejenigen, die eine chemische Analyse durchführen können; den Laien gegenüber kann man auch Katzengold als Gold ausgeben.) Danach reicht es also aus, wenn nicht jeder einzelne, sondern nur die Sprachgemeinschaft als ganze die Referenz ihrer Wörter bestimmen kann.

Die mittlerweile prominente, sogenannte kausale Theorie der Referenz[10] faßt Putnam als Spezialfall dieser sprachlichen Arbeitsteilung auf. Korrekt formuliert, läuft sie für ihn gerade darauf hinaus, daß die Referenz etwa eines Namens dadurch bestimmt ist, daß seine Benützer mit anderen Personen in Kooperation stehen oder gestanden haben, die in der Lage sind oder waren, den Namensträger zu identifizieren.[11]

Aber auch die natürliche Umgebung ist für die Festlegung der Referenz vieler Wörter wesentlich, wofür nach Putnam ihre Indexikalität verantwortlich ist. Er denkt dabei nicht an die offenkundige Indexikalität solcher Ausdrücke wie „du" und „ich" und „das Dritte zwischen uns"; vielmehr ortet er eine versteckte Indexikalität auch bei Wörtern wie „Erde", „Luft", „Feuer" und „Wasser" etc. Diese besteht darin, daß irgendeine Sache – wann und wo sie auch existiere, und sei es nur in einer anderen möglichen Welt – genau dann z.B. Wasser ist, wenn sie dem Wasser *hier* in *unserer* Umgebung gleicht. Auf diese Weise trägt die Beschaffenheit unserer Umgebung zur Referenzbestimmung

[10] Von Kripke (1972a, b) vor allem für Namen, von Putnam in „Explanation and Reference", (1975b), Kap. 11, für physikalische Größen entwickelt.

[11] Vgl. (1975b), S. 203.

bei, ähnlich wie es der Äußerungskontext bei offenkundig indexikalischen Wörtern tut (vgl. S. 41 ff.).

Doch waren wir nicht ganz präzise: In welcherlei Hinsicht muß eine Sache unserem Wasser gleichen, um Wasser zu sein? Putnams Antwort hierauf lautet: Die Gleichheitsrelation, von der hier die Rede ist, zielt auf die *Natur* der Sachen ab, die wir gewöhnlich „Wasser" nennen; die Bestimmung der Gleichheitsrelation wie der Natur der fraglichen Dinge kann unbegrenzten Forschungsaufwand erfordern und im Laufe der Forschung immer wieder anders ausfallen. Aber wie immer sie gerade ausfällt, diese Bestimmung liefert nie eine *Definition* von „Wasser", sondern immer nur eine *Hypothese* über die gesuchte Natur. Zur Zeit erblicken wir die Natur, die verborgene Struktur von Wasser in seiner chemischen Formel H_2O; und wenn das richtig ist, so kann nichts anderes als H_2O Wasser sein. Wenn wir jedoch je Anlaß bekommen sollten, unsere Ansicht über die Natur des Wassers zu ändern, so würden wir damit nicht die Bedeutung und auch nicht die Extension von „Wasser" ändern, sondern lediglich die alte durch eine neue Hypothese ersetzen. (Mit alledem wird nicht *behauptet,* die mit einem Wort belegten Dinge müßten immer eine gemeinsame Natur haben; wir *hoffen* nur, daß sie vorhanden ist, und lassen das Wort so lange für sie stehen, wie diese Hoffnung nicht widerlegt wird; vgl. S. 44 ff.).

Diesen hier nur angedeuteten Punkt macht Putnam auf den Seiten 32–61 wieder und wieder an immer neuen Beispielen klar,[12] und man sollte ihn sehr genau studieren, da er für Putnams gesamte Philosophie von entscheidender Bedeutung ist. Insonderheit seine wissenschaftstheoretischen Konsequenzen sind weitreichend. All die unglücklichen Bemühungen, unsere Begriffe auf eine phänomenalistische oder physikalistische Basis zu reduzieren, all die unseligen Annahmen über die Inkommensurabilität wissenschaftlicher Theorien sind damit vom Tisch. Theoretische Begriffe sind keine Hilfskonstrukte zur Systematisierung von Sinneseindrücken, Theorien liefern keine notwendigen und hinreichenden Bedingungen für die Anwendung ihrer Ausdrücke und machen daher auch nicht die Referenz ihrer Ausdrücke von sich abhängig. Vielmehr ist die Referenz eines (theoretischen) Ausdrucks

[12] Aus wissenschaftstheoretischer Sicht sind als Beispiele neben den hier auftauchenden vor allem das Wort „Elektrizität" (1975b, S. 198ff.), das Wort „Elektron" (1975b, S. 275ff.) und die Raum-Zeit-Metrik (1975b, S. 282) zu erwähnen.

zu verschiedenen Zeiten immer dieselbe, selbst wenn zum früheren Zeitpunkt nur eine kleine Zahl Sachkundiger oder womöglich überhaupt niemand in der Lage dazu war, die Referenz dieses Ausdrucks korrekt zu bestimmen.

Putnam hat also, was er wollte: einen theorieunabhängigen Referenzbegriff. Damit hat er gleichzeitig auch einen theorieunabhängigen Wahrheitsbegriff und schließlich kommt die Sicht der Wissenschaft wieder ins Lot; Wissenschaft läßt sich wieder als Tätigkeit sehen, deren Ergebnisse sich kumulieren und der Wahrheit annähern; und dies wiederum vermag viel eher als empiristische Alternativen den wissenschaftlichen Erfolg zu erklären. Vgl. S. 48 ff.

Bleiben wir aber erst noch ein wenig bei Putnams Sprachphilosophie; bisher haben wir uns ja nur mit der Extension eines Ausdrucks, kaum aber mit seiner Intension beschäftigt, die für Putnam freilich nachgerade ein Anhängsel an seine Extension ist. Der Frage, was Intension über Extension hinaus sei, nähert sich Putnam über die Frage, worin die individuelle Kompetenz bezüglich Bedeutungen bestehe, nachdem sie dem bisher Gesagten zufolge offensichtlich nicht zur Referenzbestimmung taugt. Der zentrale Begriff, den Putnam hier einführt, ist der des *Stereotyps:* Das mit einem Wort verbundene Stereotyp besteht aus Annahmen über die Gegenstände, auf die dieses Wort zutrifft, und zwar aus den Annahmen, die zu haben die Sprachgemeinschaft von den Personen erwartet, die die Bedeutung dieses Wortes kennen. (Zum Beispiel ist zu vermuten, daß im deutschen Sprachkreis das Tiger-Stereotyp gerade sagt, daß Tiger große, gelb und schwarz gestreifte Katzen sind.) Wesentlich ist, daß das mit einem Wort verbundene Stereotyp nicht seine Referenz festzulegen und nicht einmal zuzutreffen braucht. (Vielleicht sind nur die allerwenigsten Tiger, etwa die in den Zoos, gestreift.) Die Anforderungen an die individuelle Kompetenz sind eben häufig denkbar gering. (Siehe zu alledem S. 64–72.)

Für Putnam machen dann also die Bedeutung eines Wortes – „Bedeutung" in einem wissenschaftlich relevanten Sinne – neben seinen grammatischen Eigenschaften vor allem seine allenfalls in der sozialen Kompetenz liegende Extension und das mit ihm verbundene Stereotyp aus, das bereits individuell verfügbar sein muß (s. S. 94 f.).

Dies alles macht die Einstellung Putnams gegenüber dem Analytizitätsbegriff verständlich. Er verwirft zwar im Gegensatz zu Quine die

Analytisch-Synthetisch-Unterscheidung nicht völlig, hält aber im Gegensatz zu den logischen Empiristen Analytizität für etwas Nebensächliches. Denn ein Wort ist in der Regel weder mit seiner Extension noch mit dem mit ihm verbundenen Stereotyp auf analytische Weise verknüpft. Daß Wasser H_2O ist, ist sicherlich synthetisch; und daß Stereotypen nicht zuzutreffen brauchen, also a fortiori nicht analytisch wahr sein müssen, hatten wir auch schon festgestellt. In der Tat sieht Putnam analytische Zusammenhänge nur bei den relativ seltenen und unwichtigen „one-criterion-words" gegeben, für deren Anwendung eine allgemein bekannte notwendige und hinreichende Bedingung besteht wie etwa bei dem vertrauten Beispiel „Junggeselle".[13]

Parallel zur Entwertung analytischer Wahrheiten kommt es bei Putnam zur Relativierung der Wahrheiten a priori. Daß es Sätze gibt, die in irgendeinem absoluten Sinne a priori wahr sind, vermag Putnam nicht anzuerkennen; für ihn gibt es nur Sätze, die relativ auf die jeweilige Erkenntnissituation a priori sind (und dennoch synthetisch sein können). Hier kommt ein zweiter Grundgedanke Putnams zum Tragen, der ebenso wie seine Referenztheorie seine Schriften wie ein roter Faden durchzieht; man könnte ihn den Gedanken der *epistemischen Notwendigkeit mangels Alternativen* nennen. Sein schlagendstes Beispiel dafür ist die Entwicklung der Geometrie:

Lange Zeit war Euklids Geometrie die einzig verfügbare Theorie über räumliche Beziehungen; eine andere Geometrie war schlechterdings nicht vorstellbar. Insofern kam der euklidischen Geometrie Notwendigkeit zu – nicht nur als Theorie über mathematische Objekte, die euklidische Räume heißen, sondern gerade als Theorie über unseren physikalischen Raum. Sätze wie

> „wenn man sich entlang einer Geraden immer in derselben Richtung bewegt, so kann man nie zu seinem Ausgangspunkt zurückkehren"

[13] Vgl. „The Analytic and the Synthetic", (1975b), Kap. 2, insbesondere S. 64ff. Daß bei anderen Wörtern keine analytischen Zusammenhänge bestehen, erklärte er darin noch damit, daß sie eben keine „one-criterion-words", sondern „cluster terms" und insbesondere „law-cluster-terms" seien. Da diese Ansicht prominent geworden ist, ist es vielleicht wichtig, darauf hinzuweisen, daß Putnam mit seiner neueren Sprachphilosophie seine Law-Cluster-Theorie wieder aufgegeben hat; Begriffe wie „kinetische Energie" kommen zwar in vielen Gesetzen vor, aber daß sie daraus ihre Bedeutung gewinnen, hält er nun für falsch. Vgl. (1975b), S. 281f.

und

„in unserem Raum haben unendlich viele Würfel bestimmter Größe Platz“

waren synthetische Sätze a priori. Erst mit der Entdeckung nichteuklidischer Geometrien verlor die euklidische Geometrie ihren A-priori-Charakter.[14]

Solche (möglicherweise zeitlich begrenzte) Apriorizität mangels Alternativen findet Putnam vielerorts, zum Beispiel in unserer die Existenz materieller Gegenstände präsupponierenden Dingsprache, die zu keinem Zeitpunkt einen Konkurrenten hatte[15], oder in der klassischen Logik, die Konkurrenz erhielt und in der Quantenmechanik tatsächlich nicht anwendbar zu sein scheint.[16] Und gerade die Tatsache, daß so unerschütterlich scheinende apriorische Theorien wie die euklidische Geometrie und die klassische Logik zu verwerfen waren, läßt Putnam zu der Ansicht kommen, daß Apriorizität *immer* auf den jeweiligen Erkenntnisstand zu relativieren ist und niemals absolut sein kann.

Putnams Referenztheorie und seine These von der relativen epistemischen Notwendigkeit mangels Alternativen ergänzen einander. Denn nach vorherrschender Meinung ließ sich etwas so Dramatisches wie die Verwerfung eines a priori wahren Satzes nur damit erklären, daß dieser Satz nicht mehr dieselbe Behauptung wie zuvor enthielt, also damit, daß die in diesem Satz vorkommenden Ausdrücke ihre Bedeutung, ja ihre Extension geändert haben. Nach der Referenztheorie Putnams kann diese Erklärung nicht stimmen, und nach seiner These von der epistemischen Notwendigkeit mangels Alternativen braucht man etwas so Dramatisches auch gar nicht erklären, weil es sich nicht ereignet.

Diese These hat auch unmittelbare Auswirkungen auf die Frage der Akzeptierung und Verwerfung von Theorien und somit auf das Induktionsproblem im allgemeinen. Die übliche Antwort, die insbesondere den ansonsten so verschiedenen Induktionstheorien Carnaps und Poppers zugrunde liegt, sagt dazu in etwa: Theorien stimmen mit den vor-

[14] Vgl. „Philosophy of Physics“ und „It Ain't Necessarily So“, (1975a), Kap. 5 und Kap. 15.

[15] Vgl. „Language and Philosophy“, (1975b), Kap. 1.

[16] Vgl. „The Logic of Quantum Mechanics“, (1975a), Kap. 10.

handenen Daten mehr oder weniger gut überein; ein bestimmtes Maß an Übereinstimmung markiert die Grenze der Akzeptierbarkeit; und von denjenigen der vorhandenen Theorien, die dieses Maß erreichen oder gar übertreffen, wird, sofern es überhaupt eine solche Theorie gibt, die Theorie mit der besten Übereinstimmung akzeptiert.

An dieser Antwort ist gleich zweierlei falsch. Zunächst ist es nicht unbedingt so, daß dem Zweifel unterworfene Theorien an unabhängig gewonnenen, sicheren Daten geprüft werden; vielmehr setzen Theorien häufig erst den Rahmen, innerhalb dessen die Daten gesammelt und konstruiert werden.[17] Ganz offensichtlich ist dies bei einer mangels Alternativen epistemisch notwendigen Theorie; denn eine solche Theorie ist durch neue Erfahrungen überhaupt nicht zu erschüttern, bei der Ermittlung von Daten wird schon von ihr ausgegangen. Und daß epistemisch nicht notwendige Theorien ganz ähnlich funktionieren, quasi notwendigen Charakter annehmen und ebenfalls nur durch neue Theorien gestürzt werden können, haben insbesondere Kuhn (1962), vor allem Kap. VIII, und Putnam nachdrücklich zu Bewußtsein gebracht.

Aber selbst wenn die Daten unabhängig von den jeweils akzeptierten Theorien gesichert wären, kommt es nach Putnam für eine Theorie, um akzeptiert zu werden, nicht allein darauf an, besser als die Konkurrenz mit den Daten übereinzustimmen. Zum Beispiel ist auch die zeitliche Reihenfolge, in der Theorien vorgeschlagen werden, relevant. Insbesondere aber richtet sich unsere Beurteilung von Theorien auch nach erfahrungsunabhängigen Faktoren, nach einer A-priori-Rangordnung aller Theorien, in die solche Dinge wie Plausibilität, Einfachheit, Ad-hoc-Charakter etc. eingehen.[18] (Alle existierenden Explikationen dieser Rangordnung hält Putnam allerdings für äußerst unzulänglich; ihre Beschaffenheit läßt sich wohl nur durch mühselige empirische Forschung klären.)

Wenden wir uns nun zuletzt der Philosophie des Geistes zu, bei der Putnam es gleich mit drei Gegnern aufnimmt: dem Dualismus, dem Materialismus und dem logischen Behaviorismus, die unter sich schon verfeindet waren. Die kartesische *res cogitans* war den Materalisten sehr suspekt; für sie gab es nur Materie, und so identifizierten sie geisti-

[17] Vgl. „The ‚Corroboration' of Theories", (1975a), Kap. 16.

[18] Vgl. dazu (1975a), S.279ff., 283ff. und 302f., und (1975b), S. 357ff. und 447.

ge Zustände mit materiellen Zuständen (ob diese mechanistisch oder den Standards moderner Physik und Chemie entsprechend konzipiert sind, tut dabei nichts zur Sache). Diese Identifikation war wiederum für die Dualisten nicht akzeptabel, da völliger Unsinn resultierte, wenn man Gefühlen etwa physikalische Eigenschaften oder Stromkreisen psychische Eigenschaften zuschrieb. Aus dieser unfruchtbaren Situation schien erst der logische Behaviorismus einen Weg zu weisen. Er konnte in überzeugend wirkender Weise sowohl wie der Dualismus bestreiten, daß wir unter psychologischen Begriffen Gehirnvorgänge verstünden, als auch wie der Materialismus leugnen, daß psychologische Begriffe über eine gesonderte geistige Substanz sprächen.

So stellt sich die Situation Putnam dar, und er empfindet sie als sehr unbefriedigend. Aus denselben Gründen wie die Verifikationstheorie der Bedeutung kann er auch den logischen Behaviorismus nicht akzeptieren, der zu absurden Konsequenzen führt: etwa der, daß man dem Super-Spartaner, der lieber stürbe als sich auch nur im geringsten einen Schmerz anmerken zu lassen und der es auch gelernt hat, sich derart zu beherrschen, die Fähigkeit absprechen muß, Schmerzen zu spüren[19]; oder der, daß ein total Gelähmter, der niemals bei anderen Schmerzverhalten beobachtet, das Wort „Schmerzen" nicht lernen kann.[20] Für Putnam bestehen eben keine analytischen, sondern nur synthetische Zusammenhänge zwischen psychischen Zuständen und Verhaltensweisen. Ebenso hält er die dualistische und behavioristische Kritik am Materialismus für unberechtigt, solange dieser nur Referenz-, nicht aber Bedeutungsbehauptungen über psychologische Ausdrücke macht. Nach seiner Referenztheorie kann ja jemand mit psychologischen Ausdrücken sehr wohl über Gehirnzustände sprechen, ohne diese dabei im Sinn zu haben oder irgendetwas über sie zu wissen.[21]

Doch auch der Materialismus steht mit Putnams Referenztheorie nicht im Einklang. Denn hätte der Materialist recht, so zielte die zu einem psychologischen Ausdruck gehörige Gleichheitsrelation auf *materielle* Strukturgleichheit ab. In Putnams Augen zielt sie aber nur auf *funktionale* Strukturgleichheit ab.[22]

[19] Siehe (1975b), S. 332ff.

[20] Siehe (1975b), S. 280.

[21] Siehe (1975b), S. 278.

[22] Vgl. dazu etwa „Robots: Machines or Artificially Created Life", (1975b), Kap. 19, „The Mental Life of Some Machines", Kap. 20, und insbesondere „Philosophy and Our Mental Life", Kap. 14.

Er veranschaulicht dies, indem er den Menschen immer wieder mit einer Turing-Maschine oder auch einem komplizierteren Computer vergleicht. Eine Turing-Maschine ist einfach ein System, das sich in endlich vielen Zuständen befinden kann, deren Abfolge durch bestimmte Regeln festgelegt ist. Diese Regeln sind in der sogenannten Maschinentafel zusammengefaßt. Völlig unerheblich ist dabei, wie eine Turing-Maschine physikalisch realisiert wird, ob mit Hebeln, Rädern und Farbband oder mit Chips und elektronischer Anzeige. Zwei Turing-Maschinen sind genau dann gleich, wenn sie dieselbe Maschinentafel, d.h. dieselben funktionalen Zustände besitzen. Und beim Menschen ist dies ebenso; selbst wenn sich herausstellen sollte, daß blonde Mädchen etwa eine völlig andere Gehirnphysiologie oder womöglich richtige Seelen, wie die Kartesianer sie immer suchten, haben, so wären wir dadurch in unserer Anwendung psychologischer Ausdrücke auf blonde Mädchen nicht irritiert. Psychologische Ausdrücke sprechen über funktionale Zustände; so viel läßt sich beim heutigen Erkenntnisstand schon sagen, auch wenn wir über die funktionalen Zustände des Menschen noch sehr wenig wissen.

Es kommt noch hinzu, daß materielle Zustände ebenso wenig wie Verhaltensweisen auf analytische Weise mit funktionalen Zuständen verknüpft sind. Daß sich nicht von funktionalen auf materialle Zustände schließen läßt, war schon klar; aber auch der umgekehrte Schluß läßt sich nicht in logisch korrekter Weise durchführen, er muß immer von empirischen Gesetzen und Zusatzannahmen ausgehen.

Kurzum, Putnam entlarvt die dualistisch-materialistische Auseinandersetzung um den Stoff des Geistes als Themaverfehlung, schaltet gleichzeitig den logischen Behaviorismus aus und sichert obendrein die Autonomie der Psychologie. Und all das tut er in, wie mir scheint, sehr überzeugender Weise.

Mit dieser Skizze der Philosophie Putnams will ich es hier bewenden lassen, auch wenn ich damit etwa seine Auseinandersetzung mit dem Konventionalismus oder seine Äußerungen zur Raum-Zeit-Lehre, zur Quantentechnik und zur Philosophie der Mathematik noch völlig übergangen habe. Wie er aber gegenüber dem logischen Empirismus auf dessen ganzer philosophischen Bandbreite eine gleich kohärente Gegenposition aufbaut und welche Bedeutung darin seine Sprachphilosophie und so auch der hier übersetzte Aufsatz haben, ist, so hoffe ich, zumindest in den Umrissen klar geworden. Bezüglich der

Schriften Putnams ist der Zusatz besonders wichtig, daß ich die Umrisse zum Zwecke dieser Darstellung tüchtig begradigt habe. Putnams philosophischer Garten gleicht eben weniger einem französischen als einem englischen Park, der erwandert sein will. So scheint etwa der realistische Humus, wie er in Putnam (1978), insbesondere Teil 4, aufbereitet wird, schon wieder von etwas anderem Stoffe zu sein.

Es bleibt mir nur noch, dem Leser bei der Lektüre – ja: viel Vergnügen zu wünschen. Denn auch das vermögen Putnams Gewächse zu bereiten, was man von philosophischen Hervorbringungen nicht so oft sagen kann. Ich hoffe nur, daß es mir gelungen ist, das in der deutschen Übersetzung zu erhalten; wenn es gelungen sein sollte, so nicht zuletzt, weil Andreas Kemmerling mir wieder einmal mit sachlichem und sprachlichem Rat tatkräftig zur Seite gestanden ist. Ich danke ihm herzlich dafür. Und die Bayern-Fans unter den Lesern bitte ich hier gleich vorab um Entschuldigung.

HILARY PUTNAM

Die Bedeutung von „Bedeutung“

Die Sprache ist der erste große Bereich menschlichen kognitiven Vermögens, der sich einer nicht übermäßig vereinfachten Beschreibung zu erschließen beginnt. Dank der Arbeit moderner Transformationsgrammatiker[1] schält sich allmählich eine überaus subtile Beschreibung wenigstens einiger menschlicher Sprachen heraus. Einige Eigenschaften dieser Sprachen scheinen *universal* zu sein. Soweit solche Eigenschaften sich als ‚artenspezifisch‘ herausstellen – das heißt, sich nicht auf Grund allgemeiner Prinzipien funktionaler Zweckmäßigkeit oder Einfachheit erklären lassen, denen alle Systeme unterliegen, die die Funktionen der Sprache zu erfüllen vermögen –, erhellen sie möglicherweise die Struktur des Geistes. Zwar ist äußerst schwierig zu entscheiden, inwieweit sich die so erhellte Struktur als eine universale Struktur von *Sprache* erweisen wird und nicht als eine universale Struktur angeborener allgemeiner Lernstrategien;[2] doch gerade die Tatsache, daß solche Fragen diskutiert werden können, zeugt von der Fülle und Allgemeinheit des deskriptiven Materials, das die Linguisten zu schöpfen beginnen, und ebenso vom Tiefgang der Analyse insofern, als die Eigenschaften, die als ‚artenspezifische‘ Sprachmerkmale in Frage kommen, keineswegs phänomenologische oder Oberflächenmerkmale von Sprache sind, sondern der Tiefenstruktur angehören.

Der gravierendste Mangel aller derartigen Analysen besteht, vom Standpunkt des Philosophen aus, darin, daß sie die Bedeutung von Wörtern unbehandelt lassen. Die Analyse der Tiefenstruktur sprachlicher Formen liefert uns eine Beschreibung der *Syntax* natürlicher Sprachen, die unvergleichlich leistungsfähiger ist als alle früheren.

[1] Die dazu beigetragen haben, sind mittlerweile zu zahlreich, um hier aufgezählt zu werden; die Wegbereiter waren natürlich Zellig Harris und Noam Chomsky.

[2] Zu einer Diskussion dieser Frage siehe H. Putnam, „The ‚Innateness Hypothesis‘ and Explanatory Models in Linguistics“, *Synthese* 17 (1967) 12–22, wiederabgedruckt in Putnam (1975b), Kap. 5, und Chomsky (1971), insbesondere Kap. 1.

Aber die mit dem Wort „Bedeutung" verknüpfte Sprachdimension liegt trotz der unvermeidlichen Fülle heroischer, wenn auch fehlgeleiteter Vorstöße nach wie vor im Dunkeln.

Warum das so ist und auch nicht anders zu erwarten ist, dem möchte ich in diesem Aufsatz nachgehen. Daß die sogenannte Semantik in so viel schlechterer Verfassung ist als die Theorie der Syntax, hat meiner Meinung nach den Grund, daß der *vorwissenschaftliche* Begriff, auf dem die Semantik basiert, der vorwissenschaftliche Begriff der *Bedeutung*, selbst so viel desolater ist als der vorwissenschaftliche Begriff der Syntax. Wie es in der Philosophie die Regel ist, tragen skeptische Vorbehalte gegenüber dem Begriff überhaupt nichts zur Klärung oder Verbesserung der Situation bei, genauso wenig wie die dogmatische Versicherung konservativer Philosophen, es stehe doch alles zum Guten in dieser besten aller möglichen Welten. Der Grund für die Desolatheit des vorwissenschaftlichen Bedeutungsbegriffs klärt sich nicht durch eine allgemeine skeptische oder nominalistische Argumentation mit dem Ziele, daß es Bedeutungen nicht gäbe. Zwar wird das Ergebnis unserer Diskussion sein, daß Bedeutungen in der Tat nicht ganz in der Weise existieren, wie wir zu denken geneigt sind. Aber auch Elektronen existieren nicht genau so, wie Bohr es sich vorgestellt hat. Es ist ein himmelweiter Unterschied zwischen dieser Behauptung und der Behauptung, daß es Bedeutungen (oder Elektronen) nicht gäbe.

Ich werde fast ausschließlich über die Bedeutung von Wörtern und nicht über die Bedeutung von Sätzen reden, weil mir scheint, daß unser Begriff der Wortbedeutung unzulänglicher ist als der der Satzbedeutung. Doch will ich auch kurz zu Argumenten von Philosophen wie Donald Davidson Stellung nehmen, die fest glauben, daß es nicht anders sein kann, als daß der Begriff der Wortbedeutung sekundär und die Analyse der Satzbedeutung primär ist. Da für mich die existierenden Bedeutungstheorien von Mythen durchtränkt sind („Bedeutung" bildet dasjenige philosophische Thema, zu dem es buchstäblich nichts als Theorie gibt, buchstäblich nichts, was als gemeines Verständnis bezeichnet oder auch belächelt werden könnte), werde ich eine Reihe von Dingen diskutieren und zu entwirren versuchen müssen, betreffs derer die herrschende Meinung meines Erachtens irrig ist. Am meisten vermag mir der Leser bei dem Versuche, diese Dinge klar zu kriegen, zu helfen, indem er mir so weit entgegenkommt anzunehmen, daß im voraus *nichts* klar ist.

Spätestens seit dem Mittelalter haben die mit Bedeutungstheorie Befaßten im alltäglichen Bedeutungsbegriff eine Zweideutigkeit zu erblicken vermeint und, um das eindeutig zu machen, ein Begriffspaar eingeführt: *Extension* und *Intension, Sinn* und *Bedeutung,* und derer Bezeichnungen mehr. Die *Extension* eines Ausdrucks ist, in üblicher logischer Sprechweise, einfach die Menge der Dinge, auf die dieser Ausdruck zutrifft. So trifft etwa „Esel" in seinem gebräuchlichsten deutschen Sinn auf alle und nur auf Esel zu, und daher ist die Extension von „Esel" gerade die Menge aller Esel. Selbst dieser Begriff – und er ist noch der am *wenigsten* problematische Begriff in diesem dunklen Gebiet – hat jedoch seine Probleme. Sieht man einmal von den Problemen ab, die er vom Wahrheitsbegriff ererbt, von dem er sich herleitet[3], so zeigt sich ein weiteres Problem in dem eben benutzten Beispiel, in dem von „Esel" in seinem gebräuchlichsten deutschen Sinne die Rede war: Genau genommen ist es nicht ein Ausdruck, dem eine Extension zukommt, sondern ein geordnetes Paar bestehend aus einem Ausdruck und einem Sinn (oder einer Verwendungssituation oder irgendetwas anderem, das die Verwendungen ein und desselben Ausdrucks in verschiedenem Sinne unterscheidet). Ein anderes Problem: Eine Menge im mathematischen Sinn ist ein Ja-Nein-Gegenstand; wenn M eine Menge ist, so gehört jeder Gegenstand entweder definitiv zu M oder definitiv nicht zu M. Aber für Wörter der natürlichen Sprache gilt das nicht allgemein. Wohl gibt es Dinge, auf die der Ausdruck „Baum" eindeutig zutrifft, und auch Dinge, auf die er eindeutig nicht zutrifft; doch es gibt Grenzfälle en masse. Schlimmer noch, die Trennlinie zwischen den eindeutigen und den Grenzfällen ist ihrerseits ‚fuzzy'. In Wirklichkeit enthält also der Begriff der *Extension* mit der Annahme, es gäbe so etwas wie die Menge aller Dinge, auf die etwa der Ausdruck „Baum" zutrifft, eine extreme Idealisierung.

Neuerdings haben einige Mathematiker sogenannte ‚fuzzy sets' untersucht; das sind Objekte, zu denen Dinge jeweils mit einer bestimmten Wahrscheinlichkeit oder in einem bestimmten Grade gehören, wo also die Zugehörigkeit keine Ja-Nein-Frage ist. Wenn man den

[3] Es gilt ja: x gehört zur Extension von F genau dann, wenn F auf x zutrifft; d.h. genau dann, wenn „x ist ein F" wahr ist. (Anm. d. Übers.)

Begriff der Extension wirklich für Ausdrücke einer natürlichen Sprache formalisieren wollte, so müßte man dazu ‚fuzzy sets‘ oder etwas Ähnliches verwenden und nicht Mengen im klassischen Sinne.

Das Problem, daß ein Wort in mehr als einem Sinn verwandt werden kann, wird üblicherweise damit erledigt, daß man jeden neuen Sinn des fraglichen Wortes als ein neues Wort auffaßt (oder sich vielmehr vorstellt, das eine Wort trage unsichtbare Indizes, also etwa

„$Esel_1$ = eine bestimmte Art von Tier“

und

„$Esel_2$ = Dummkopf“,

so daß man „$Esel_1$“ und „$Esel_2$“ als völlig verschiedene Wörter behandeln kann). Darin stecken wiederum (mindestens) zwei starke Idealiserungen: die Annahme, daß die Sinnvielfalt eines jeden Wortes abzählbar ist, und die Annahme, daß die Sinnvielfalt eines jeden Wortes ein für allemal fest gegeben ist. Paul Ziff hat kürzlich untersucht, in welchem Maße jede dieser zwei Annahmen die tatsächlichen Gegebenheiten einer natürlichen Sprache verzerrt;[4] trotzdem wollen wir hier an diesen Idealisierungen festhalten.

Betrachten wir nun die zusammengesetzten Ausdrücke „Lebewesen mit Herz“ und „Lebewesen mit Nieren“, wobei wir annehmen, daß jedes Lebewesen mit einem Herz Nieren hat und umgekehrt. Diese beiden Ausdrücke haben dann genau dieselbe Extension. Aber offenkundig haben sie verschiedene Bedeutung. Wenn es einen Sinn von „Bedeutung“ gibt, in dem Bedeutung gleich Extension ist, so muß es also noch einen anderen Sinn von „Bedeutung“ geben, in dem die Bedeutung eines Ausdrucks nicht seine Extension ist, sondern etwas anderes, etwa der mit diesem Ausdruck verknüpfte ‚Begriff‘. Nennen wir dieses Andere die *Intension* des Ausdrucks. Der Begriff „Lebewesen mit Herz“ ist zweifellos ein anderer als der Begriff „Lebewesen mit Nieren“. Somit haben diese beiden Ausdrücke verschiedene Intension; und wenn wir sagen, sie hätten verschiedene Bedeutung, so ist dabei Bedeutung gleich Intension.

[4] Siehe Ziff (1972), insbesondere Kap. VIII.

So etwas wie der letzte Absatz findet sich in jeder Standard-Erläuterung der Begriffe „Intension" und „Extension". Doch er ist ganz und gar nicht befriedigend. Zu zeigen, wieso, ist eigentlich Sinn und Witz des gesamten Aufsatzes. Einiges läßt sich jedoch gleich zu Beginn feststellen. Erstens: Was spricht dafür, daß „Extension" tatsächlich ein Sinn von „Bedeutung" ist? Die Standard-Erläuterung von „Intension" und „Extension" läuft ziemlich genau darauf hinaus: „Im einen Sinne bedeutet ‚Bedeutung' Extension, und im andern Sinne bedeutet ‚Bedeutung' Bedeutung." Was da geschieht, ist doch, daß zwar der Begriff der Extension (relativ zum grundlegenden Begriff der *Wahrheit* und unter Annahme der oben erwähnten, starken Idealisierungen) durchaus präzise eingeführt, der Begriff der Intension aber ebenso im Unklaren belassen wird wie der vage (und, wie wir noch sehen werden, irreführende) Begriff „Begriff" – gleichsam als erläuterte jemand den Wahrscheinlichkeitsbegriff mit dem Satz: „In einem Sinne bedeutet ‚Wahrscheinlichkeit' Häufigkeit, und im anderen Sinne bedeutet ‚Wahrscheinlichkeit' Propensity." „Wahrscheinlichkeit" bedeutet *niemals* Häufigkeit, und „Propensity" ist mindestens so unklar wie „Wahrscheinlichkeit".

Bei aller Unklarheit hat die herkömmliche Lehre von der Extension-Intension-Ambiguität im Bedeutungsbegriff gewisse charakteristische Konsequenzen. Die meisten traditionellen Philosophen haben sich Begriffe als etwas *Geistiges* vorgestellt. Damit hatte die Lehre, daß die Bedeutung eines Ausdrucks ein Begriff sei (d.h. seine Bedeutung im Sinne von „Intension"), im Gefolge, daß Bedeutungen geistige Entitäten seien. Wider diesen ‚Psychologismus', wie sie es nannten, machten jedoch Frege und in noch jüngerer Zeit Carnap und seine Nachfolger Front. Überzeugt davon, daß Bedeutungen *öffentliches* Eigentum seien, daß *dieselbe* Bedeutung von mehreren Personen und zu verschiedenen Zeiten ‚erfaßt' werden könne, identifizierten sie Begriffe (und damit auch Intensionen oder Bedeutungen) mit abstrakten anstatt mit geistigen Entitäten. Das Erfassen dieser abstrakten Entitäten war freilich immer noch ein individueller psychischer Vorgang; keiner dieser Philosophen bezweifelte, daß man sich, um ein Wort zu verstehen (seine Intension zu kennen), einfach in einem bestimmten psychischen Zustand befinden muß (ungefähr so, wie man sich, um im

Kopf Zahlen in Faktoren zerlegen zu können, einfach in einem bestimmten, sehr komplexen psychischen Zustand befinden muß).

Zweitens zeigt das altgediente Beispiel mit den Ausdrücken „Lebewesen mit Herz" und „Lebewesen mit Nieren", daß zwei Ausdrücke gleiche Extension und dennoch verschiedene Intension haben können. Doch wurde es als selbstverständlich hingenommen, daß die Umkehrung davon unmöglich sei: Zwei Ausdrücke können nicht verschiedene Extension und gleiche Intension haben. Bemerkenswerterweise wurde niemals ein Grund für diese Unmöglichkeit genannt. Vermutlich spiegelt sich darin die Tradition antiker und mittelalterlicher Philosophen wider, die angenommen haben, daß der einem Ausdruck zugeordnete Begriff einfach eine Konjunktion von Prädikaten sei und daher *immer* eine notwendige und hinreichende Bedingung für die Zugehörigkeit zur Extension dieses Ausdrucks liefern müsse.[5] Für Philosophen wie Carnap, die der Verifizierbarkeitstheorie der Bedeutung anhingen, liefert der einem Ausdruck zugeordnete Begriff (falls der Ausdruck idealerweise ‚vollständige Bedeutung' hat) sogar ein *Kriterium* für die Zugehörigkeit zur Extension (nicht einfach im Sinne einer notwendigen und hinreichenden Bedingung, sondern im starken Sinne einer *Methode festzustellen,* ob ein gegebenes Ding zur Extension gehört oder nicht). Diese positivistischen Philosophen waren's also durchaus zufrieden damit, in diesem Punkt die traditionelle Meinung beizube-

[5] Diese Tradition ist entstanden, weil der Begriff „Gott", *der* Begriff, an dem sich in der mittelalterlichen Philosophie alle Diskussion entzündete, nach damaliger Auffassung durch die Konjunktion der Begriffe „Gut", „Allmächtig", „Allwissend" etc., der sogenannten Vollkommenheiten, zu definieren war. Doch gab's da ein Problem, weil man sich vorstellte, daß Gott Eines sei und daß das ausschlösse, daß Sein Wesen in irgendeiner Weise zusammengesetzt sei; das heißt, „Gott" war zwar durch eine Konjunktion von Prädikaten definiert, aber Gott (ohne Anführungszeichen) konnte unmöglich das logische Produkt von Eigenschaften und auch nicht das einzige Ding sein, dem das logische Produkt zweier oder mehrerer Eigenschaften zukommt, denn selbst diese äußerst abstrakte Form von ‚Zusammengesetztheit' hielt man für unvereinbar mit Seiner vollkommenen Einheit. Mit diesem theologischen Paradoxon schlugen sich jüdische, arabische und christliche Theologen jahrhundertelang herum (vgl. etwa die Lehre von der Negation der Privatio bei Maimonides und Thomas von Aquin). Es ist schon komisch, daß solche Theorien wie Konzeptualismus und Nominalismus, denen die Aufmerksamkeit der Gegenwart gilt, ursprünglich als Lösungen des Problems der Zuschreibung göttlicher Eigenschaften gedacht waren, und nicht minder komisch, daß das bevorzugte Definitionsmodell all jener Theologie, wonach Definitionen Konjunktionen von Eigenschaften liefern, zumindest in seinen Konsequenzen bis heute in der Sprachphilosophie fortlebt.

halten. So verharrte die Theorie der Bedeutung bei zwei unangefochtenen Annahmen:

(I) Um einen Ausdruck zu verstehen, muß man sich einfach in einem bestimmten psychischen Zustand befinden (in dem Sinne von „psychischer Zustand“, in dem Gedächtniszustände und psychische Dispositionen psychische Zustände sind; natürlich meinte niemand je, daß die Kenntnis der Bedeutung eines Wortes ein andauernder Bewußtseinszustand sei).

(II) Die Bedeutung eines Ausdrucks (im Sinne von „Intension“) bestimmt seine Extension (d.h. aus Intensionsgleichheit folgt Extensionsgleichheit).

Ich werde darlegen, daß diese beiden Annahmen von *keinem* Begriff, geschweige denn von irgendeinem Bedeutungsbegriff, gleichzeitig erfüllt werden. Der traditionelle Bedeutungsbegriff gründet auf einer falschen Theorie.

Psychische Zustände und methodologischer Solipsismus

Um das zu zeigen, msüsen wir erst den traditionellen Begriff des psychischen Zustandes klären. In einem Sinne ist ein Zustand einfach ein zweistelliges Prädikat, dessen Argumente ein Individium und ein Zeitpunkt sind. Zustände in diesem Sinne sind: „anderthalb Meter groß sein“, „Schmerzen haben“, „das Alphabet beherrschen“ und auch „tausend Meilen von Paris entfernt sein“. (Es ist zu beachten, daß der *Zeitpunkt* gewöhnlich implizit gelassen oder dem Kontext zur Bestimmung überlassen wird; die volle Form eines atomaren Satzes mit diesen Prädikaten wäre „x ist zum Zeitpunkt t anderthalb Meter groß“, „x hat zum Zeitpunkt t Schmerzen“, etc.). In den Wissenschaften wird jedoch der Ausdruck „Zustand“ üblicherweise auf Eigenschaften beschränkt, die mit Hilfe derjenigen, das Individuum kennzeichnenden Parameter definiert sind, die vom Standpunkt der jeweiligen Wissenschaft aus grundlegend sind. Das heißt, anderthalb Meter groß zu sein, ist ein Zustand (vom Standpunkt der Physik aus); Schmerzen zu haben, ist ein Zustand (zumindest vom Standpunkt mentalistischer Psychologie aus); das Alphabet zu beherrschen, könnte ein Zustand sein (vom Standpunkt kognitiver Psychologie aus), obwohl das schwer zu sagen ist; aber tausend Meilen von Paris entfernt zu sein, einen

Zustand zu nennen, wäre *nicht* natürlich. In einem Sinne also ist ein psychischer Zustand einfach ein Zustand, der von der Psychologie beschrieben oder untersucht wird. In diesem Sinne mag es trivialerweise zutreffen, daß es (vom Standpunkt kognitiver Psychologie aus) ein psychischer Zustand ist, etwa die Bedeutung des Wortes „Wasser" zu kennen. Aber um diesen Sinn von „psychischer Zustand" geht es in der obigen Annahme (I) nicht.

Wenn traditionelle Philosophen über psychische (oder geistige) Zustände geredet haben, so machten sie dabei eine Annahme, die man die Annahme des methodologischen Solipsismus nennen könnte. Diese Annahme geht davon aus, daß kein psychischer Zustand im eigentlichen Sinne die Existenz irgendeines Individuums voraussetzt außer dem Subjekt, dem der Zustand zugeschrieben wird. (Tatsächlich lautete die Annahme sogar, daß ein psychischer Zustand nicht einmal die Existenz des *Körpers* des Subjektes voraussetzen dürfe; für einen psychischen Zustand im eigentlichen Sinne müsse es logisch möglich sein, daß ein ‚körperloser Geist' sich in ihm befindet.) Bei Descartes ist diese Annahme ausdrücklich zu finden, aber sie ist so ziemlich in der gesamten traditionellen Philosophie enthalten. Mit dieser Annahme macht man sich natürlich ein *restriktives Programm* zu eigen: ein Programm, das bewußt den Bereich und den Charakter der Psychologie beschneidet, um gewissen mentalistischen Vorstellungen oder zuweilen auch einer idealistischen Rekonstruktion der Welt nachzukommen. *Wie* restriktiv dieses Programm ist, blieb jedoch häufig unbemerkt. Zum Beispiel müssen so durch und durch gewöhnliche psychische Zustände wie der, eifersüchtig zu sein, unter der Annahme des methodologischen Solipsismus neu gefaßt werden. Denn üblichem Gebrauche nach folgt aus „*x* ist auf *y* eifersüchtig", daß *y* existiert, und aus „*x* ist wegen *y*'s Interessse für *z* eifersüchtig" folgt, daß *y* und *z* (und natürlich auch *x*) existieren. Eifersüchtig zu sein und wegen jemandes Interesse für jemanden Dritten eifersüchtig zu sein, sind also nicht psychische Zustände, wie sie die Annahme des methodologischen Solipsismus zuläßt. (Wir werden sie psychische Zustände im weiten Sinne und die vom methodologischen Solipsismus zugelassenen Zustände als psychische Zustände im engen Sinne bezeichnen.) Bei der vom methodologischen Solipsismus erzwungenen Neufassung wäre „Eifersucht" so zu rekonstruieren, daß ich auf meine eigenen Halluzinationen, auf die Produkte meiner Phantasie etc. eifersüchtig sein kann. Sich auf diese

Rekonstruktion oder auf die Annahme des methodologischen Solipsismus einzulassen, hätte nur dann irgendeinen Sinn, wenn man annehmen könnte, daß psychische Zustände im engen Sinn in einem hinreichenden Maße kausal abgeschlossen sind (so daß die Beschränkung auf psychische Zustände im engen Sinn die Formulierung psychologischer *Gesetze* erleichterte). Doch die dreihundertjährige Geschichte des Versagens mentalistischer Psychologie scheint mir überwältigend gegen dieses Vorgehen zu sprechen.

Wie dem auch sei, wir sind jetzt dazu in der Lage, präziser zu formulieren, was wir am Ende des letzten Abschnitts behauptet haben. Seien *A* und *B* irgend zwei Ausdrücke mit verschiedener Extension. Gemäß Annahme (II) müssen sie dann verschiedene Bedeutung (im Sinne von „Intension") haben. Die Bedeutung von *A* zu kennen und die Bedeutung von *B* zu kennen, sind gemäß Annahme (I) psychische Zustände im *engen* Sinne – denn so werden wir die Annahme (I) auffassen. *Diese psychischen Zustände müssen aber gleich den Bedeutungen (Intensionen) die Extensionen der Ausdrücke A und B bestimmen.*

Um das einzusehen, versuche man, das Gegenteil anzunehmen. Doch kann es natürlich keine zwei Ausdrücke *A* und *B* geben derart, daß *A* und *B* verschiedene Extension haben und trotzdem

„die Bedeutung von *A* kennen"

derselbe Zustand ist wie

„die Bedeutung von *B* kennen".

Denn die Bedeutung von *A* zu kennen, heißt nicht einfach, eine Intension – die von *A* – zu erfassen, wie immer das aussehen mag; es heißt auch zu wissen, daß die Intension, die man erfaßt hat, die Intension *von A* ist. (Wenn jemand etwa die Bedeutung von „Rad" kennt, hat er damit vermutlich auch die Intension von „wheel" erfaßt, dem englischen Synonym für „Rad"; aber wenn er nicht weiß, daß die fragliche Intension die von „wheel" ist, so kann man nicht sagen, er kenne die Bedeutung von „wheel".) Wenn *A* und *B* verschiedene Ausdrücke sind, so sind auch

„die Bedeutung von *A* kennen"

und

„die Bedeutung von *B* kennen"

verschiedene Zustände, ob nun die Bedeutungen von A und B selbst verschieden sind oder nicht. Aber mit dem gleichen Argument kommen wir für einen Ausdruck A und zwei verschiedene *Intensionen* I_1 und I_2 zu dem Ergebnis, daß

„wissen, daß I_1 die Intension von A ist"

und

„wissen, daß I_2 die Intension von A ist"

verschiedene psychische Zustände sind. Es kann also keine zwei verschiedene, logisch mögliche Welten W_1 und W_2 geben derart, daß sagen wir, Oskar in W_1 und in W_2 (in allen Hinsichten) im *selben* psychischen Zustand (im engen Sinne) ist und dennoch A in W_1 in der Bedeutung I_1 und in W_2 in der Bedeutung I_2 versteht. (Denn gäbe es sie, so wäre Oskar in W_1 in dem psychischen Zustand zu wissen, daß I_1 die Bedeutung von A ist, und in W_2 in dem psychischen Zustand zu wissen, daß I_2 die Bedeutung von A ist; und das sind verschiedene und – wenn wir annehmen, daß A für Oskar in jeder Welt genau *eine* Bedeutung hat – sogar einander ausschließende psychische Zustände im engen Sinne.)

Kurzum, wenn Z ein psychischer Zustand der Art ist, wie wir sie diskutiert haben – d.h. ein psychischer Zustand der Form „wissen, daß I die Bedeutung von A ist", wobei I eine Intension und A ein Ausdruck ist –, so gilt in *jeder* logisch möglichen Welt, in der der fragliche Sprecher im psychischen Zustand Z ist, *dieselbe* notwendige und hinreichende Bedingung für die Zugehörigkeit zur Extension von A. Denn der Zustand Z *bestimmt* die Intension I, und gemäß Annahme (II) liefert die Intension eine notwendige und hinreichende Bedingung für die Zugehörigkeit zur *Extension*.

Wenn unsere Interpretation der traditionellen Lehre von Intension und Extension Frege und Carnap gerecht wird, so scheint der ganze Psychologismus-Platonismus-Streit, soweit er die Bedeutungstheorie betrifft, doch eher ein Sturm im Wasserglas zu sein. (Im Hinblick auf die Philosophie der Mathematik ist er natürlich von großer Bedeutung.) Denn selbst wenn Bedeutungen nach Meinung von Frege und Carnap platonische und nicht geistige Entitäten sind, so bleibt doch das Erfaßt-Haben dieser Entitäten vermutlich ein psychischer Zustand (im engen Sinne). Außerdem bestimmt der psychische Zustand die platonische Entität eindeutig. Ob man dann die platonische Entität oder den psychischen Zustand als die Bedeutung ansieht, scheint fast nach Belieben geregelt werden zu dürfen. Auch führte es, wenn man den psychischen Zustand als die Bedeutung ansähe, schwerlich zu der von Frege befürchteten Folge, daß Bedeutungen dann nicht mehr ‚öffentlich' wären. Denn psychische Zustände sind in dem Sinne öffentlich, daß verschiedene Leute (und auch Leute zu verschiedenen Zeiten) sich im *selben* psychischen Zustand befinden können. In der Tat sagt Freges Argumentation gegen den Psychologismus nichts über geistige Entitäten im allgemeinen, sondern nur, daß Begriffe nicht mit geistigen Einzeldingen identifiziert werden dürfen.

Der öffentliche Charakter psychischer Zustände impliziert insbesondere, daß Oskar und Elmar, wenn sie ein Wort *A* unterschiedlich verstehen, sich auch in *verschiedenen* psychischen Zuständen befinden müssen. Denn der Zustand zu wissen, daß die Intension von *A* etwa *I* ist, bleibt *derselbe* Zustand, ob sich nun Oskar oder Elmar in ihm befindet. Zwei Sprecher können also nicht in allen Hinsichten im selben psychischen Zustand sein und dennoch den Ausdruck *A* verschieden verstehen; der psychische Zustand des Sprechers bestimmt eben die Intension (und nach Annahme (II) auch die Extension) von *A*.

Diese letzte Folgerung aus den beiden Annahmen (I) und (II) ist, so behaupten wir, falsch. Wir behaupten, daß es möglich ist, daß zwei Sprecher genau im *selben* psychischen Zustand (im engen Sinne) sind, obwohl die Extension von *A* im Idiolekt des einen sich von der Extension von *A* im Idiolekt des anderen unterscheidet. Extension ist vom psychischen Zustand *nicht* bestimmt.

Wir werden dies in den nächsten Abschnitten zeigen. Wenn das stimmt, so hat, wer wenigstens eine der traditionellen Annahmen retten will, zwei Möglichkeiten: Er kann den Gedanken aufgeben, daß der psychische Zustand (im engen Sinne) die *Intension* bestimmt, oder den Gedanken, daß Intension Extension bestimmt. Wir werden diese Alternativen später noch betrachten.

Sind Bedeutungen im Kopf?

Daß der psychische Zustand nicht die Extension bestimmt, soll nun mit Hilfe von etwas Science-fiction gezeigt werden. Zum Zwecke der folgenden Beispiele wollen wir annehmen, daß es irgendwo in der Milchstraße einen Planeten gibt, den wir die Zwerde nennen. Die Zwerde ist gleichsam ein Zwilling der Erde; die Menschen auf der Zwerde sprechen wahrhaftig sogar *Deutsch*. Der Leser darf getrost annehmen, daß die Zwerde, abgesehen von den Unterschieden, die wir in unseren Science-fiction-Beispielen angeben, der Erde exakt gleicht. Wer will, kann sogar annehmen, daß es auf der Zwerde eine zweite identische Anfertigung, einen Doppelgänger, von ihm gibt; doch werden meine Geschichtchen davon nicht abhängen.

Auch wenn einige Leute auf der Zwerde Deutsch sprechen (zum Beispiel die, die sich dort selbst als ‚Österreicher' bezeichnen, und die, die sich als ‚Schweizer' bezeichnen, und die, die sich als ‚Deutsche' bezeichnen, etc.), so gibt es, das ist nicht verwunderlich, doch einige winzige, gleich zu erläuternde Unterschiede zwischen dem Hochdeutschen und den auf der Zwerde gesprochenen Deutsch-Dialekten. Diese Unterschiede beruhen auf einigen der zwirdischen Eigentümlichkeiten.

Eine der zwirdischen Eigentümlichkeiten besteht darin, daß die Flüssigkeit, die dort ‚Wasser' genannt wird, nicht H_2O ist, sondern eine andere Flüssigkeit mit einer sehr langen und komliplizierten chemischen Formel, die ich hier einfach mit *XYZ* abkürzen will. Ich werde annehmen, daß sich *XYZ* bei normalen Druck- und Temperaturverhältnissen von Wasser nicht unterscheiden läßt. Insbesondere schmeckt es und löscht den Durst wie Wasser. Auch sei angenommen, daß die Meere, Seen und Flüsse der Zwerde *XYZ* enthalten und nicht Wasser, daß es auf der Zwerde *XYZ* regnet und nicht Wasser; und so weiter.

Wenn ein Raumschiff von der Erde je die Zwerde besuchen sollte, so wird die erste Vermutung sein, daß „Wasser" auf der Zwerde dieselbe Bedeutung hat wie auf der Erde. Mit der Entdeckung, daß auf der Zwerde ‚Wasser' *XYZ* ist, wird diese Vermutung korrigiert werden, und das irdische Raumschiff wird nach Hause funken:

„Auf der Zwerde bedeutet das Wort ‚Wasser' *XYZ*."

(Übrigens ist das die Verwendungsweise des Wortes „bedeuten", die für die Meinung verantwortlich ist, daß Extension ein Sinn von „Bedeutung" sei. Doch ist Vorsicht am Platze: Auch wenn „bedeuten" in diesem Beispiel so etwas wie „zur Extension haben" bedeutet, so würden wir trotzdem *nicht* sagen:

„Auf der Zwerde ist die Bedeutung des Wortes ‚Wasser' *XYZ*",

außer vielleicht die Tatsache, daß ‚Wasser' *XYZ* ist, wäre jedem erwachsenen Deutschsprechenden auf der Zwerde bekannt. Unsere später entwickelte Bedeutungstheorie wird das erklären können; im Augenblick sei lediglich festgehalten, daß das Verb „bedeuten" zwar manchmal „zur Extension haben", die Nominalisierung „Bedeutung" aber *niemals* „Extension" bedeutet.)

Der umgekehrte Fall ist dazu symmetrisch: Wenn ein Raumschiff von der Zwerde je die Erde besuchen sollte, so wird die erste Vermutung sein, daß „Wasser" auf der Erde dieselbe Bedeutung hat wie auf der Zwerde. Mit der Entdeckung, daß auf der Erde Wasser H_2O ist, wird diese Vermutung korrigiert werden, und das zwirdische Raumschiff wird nach Hause funken:

„Auf der Erde[6] bedeutet das Wort ‚Wasser' H_2O."

Man beachte, daß an der Extension des Wortes „Wasser" nichts problematisch ist. Das Wort hat einfach, so würden wir sagen, zwei verschiedene Bedeutungen: In dem Sinn, in dem es auf der Zwerde verwandt wird, im Sinne von Wasser_Z, ist das, was *wir* Wasser nennen, einfach kein Wasser; in dem Sinn, in dem es auf der Erde verwandt wird, im Sinne von Wasser_E, ist das, was die Zwerdlinge ‚Wasser' nennen, einfach kein Wasser. Die Extension von „Wasser" im Sinne von Wasser_E ist so etwas wie die Menge aller aus H_2O-Molekülen bestehenden Gesamtheiten; und die Extension von „Wasser" im Sinne von Wasser_Z ist so etwas wie die Menge aller aus *XYZ*-Molekülen bestehenden Gesamtheiten.

Drehen wir nun die Zeit ungefähr ins Jahr 1750 zurück. Sowohl auf der Erde wie auf der Zwerde war die Chemie damals noch nicht entwickelt. Ein des Deutschen mächtiger Erdling wußte damals normalerweise nicht, daß Wasser aus Wasserstoff und Sauerstoff besteht, und ein des Deutschen mächtiger Zwerdling wußte damals normalerweise nicht, daß ‚Wasser' aus *XYZ* besteht. Sei Oskar_1 ein solcher Erdling und Oskar_2 sein zwirdisches Gegenstück, und sei ferner angenommen, daß Oskar_1 bezüglich Wasser dieselben Überzeugungen hat wie Osakr_2 bezüglich ‚Wasser'. Wer will, kann ruhig annehmen, daß Oskar_1 und

[6] Oder vielmehr: „Auf der Zwerde [das ist der zwirdische Name für Terra – H.P.] bedeutet das Wort ‚Wasser' H_2O."

$Oskar_2$ in ihrem Aussehen, in ihren Gedanken und Gefühlen, in ihren inneren Monologen etc. sogar exakt übereinstimmen. Doch war die Extension des Ausdrucks „Wasser" auf der Erde im Jahre 1750 die gleiche wie im Jahre 1970, nämlich H_2O; und die Extension des Ausdrucks „Wasser" war auf der Zwerde im Jahre 1750 die gleiche wie im Jahre 1970, nämlich *XYZ*. $Oskar_1$ und $Oskar_2$ faßten also im Jahre 1750 den Ausdruck „Wasser" verschieden auf, *obwohl sie sich im selben psychischen Zustand befanden* und obwohl ihre Wissenschaften bei ihrem damaligen Stand noch etwa fünfzig Jahre brauchten, um zu entdecken, daß sie den Ausdruck „Wasser" unterschiedlich verstanden haben. Das heißt, daß die Extension des Ausdrucks „Wssser" (und auch seine Bedeutung im intuitiven, vortheoretischen Sinne) *keine* Funktion allein des psychischen Zustandes des Sprechers ist.

Doch warum, so könnte man einwenden, sollte man davon ausgehen, daß (auf beiden Erden) die Extension des Wortes „Wasser" zwischen 1750 und 1970 unverändert geblieben ist? Die Logik natürlicher Prädikate[7] wie „Wasser" ist eine komplizierte Angelegenheit, aber eine Antwort läßt sich hier schon skizzieren: Nehmen wir an, ich zeige auf ein Glas Wasser und sage: „Diese Flüssigkeit heißt Wasser" (oder auch „dies heißt Wasser", sofern das semantische Merkmal „Flüssigkeit" vom Kontext her klar ist). Meine ‚ostensive Definition' von Wasser gründet dabei auf einer empirischen Voraussetzung: nämlich darauf, daß die Flüssigkeitsmenge, auf die ich zeige, in einer bestimmten Gleichheitsrelation (zu formulieren etwa als „x ist die gleiche Flüssigkeit wie y" oder „x und y sind *flüssidentisch*") zu fast allem steht, was ich und andere Mitglieder meiner Sprachgemeinschaft anderweit als „Wasser" bezeichnet haben. Wenn diese Voraussetzung nicht zutrifft, etwa weil ich, ohne es zu wissen, auf ein Glas Gin statt Wasser gezeigt habe, so bestehe ich nicht auf meiner ostensiven Definition. Die ostensive Definition liefert also eine, wie man es nennen könnte, potentiell nichtige notwendige und hinreichende Bedingung: Notwendig und hinreichend dafür, Wasser zu sein, ist es, zum Inhalt des Glases in der Flüssidentitätsrelation zu stehen – doch nur, sofern

[7] Ich habe hier „natural-kind term" durchweg mit „natürliches Prädikat" übersetzt, was mir in mehrfacher Hinsicht vorteilhafter erschien als die wörtliche Übersetzung „Term (oder Ausdruck) für eine natürliche Art"; ein Prädikat oder Wort ist also genau dann ein natürliches Prädikat, wenn seine Extension eine natürliche Art bildet. (Anm. d. Übers.)

die empirische Voraussetzung erfüllt ist; ist sie nicht erfüllt, so gilt es, sozusagen eine Rückzugsposition zu beziehen.

Der entscheidende Punkt ist nun, daß die Flüssidentität eine *theoretische* Relation ist: Zu bestimmen, ob etwas die gleiche Flüssigkeit ist wie *dies* oder nicht, bedarf womöglich eines unabsehbaren wissenschaftlichen Forschungsaufwandes. Und selbst wenn man durch Laienvernunft oder durch wissenschaftliche Untersuchungen zu einer ‚definitiven' Antwort gelangt ist, so *steht* die Antwort doch *dahin;* weitere Forschung kann noch das sicherste Beispiel stürzen. Daß ein des Deutschen Mächtiger im Jahre 1750 *XYZ* noch als Wasser bezeichnet hätte, er oder seine Enkel im Jahre 1800 oder 1860 aber nicht mehr, heißt also nicht, daß sich zwischenzeitlich die Bedeutung von „Wasser" für den Durchschnittssprecher geändert hätte. Sowohl im Jahre 1750 wie im Jahre 1860 oder 1970 hätte man, um ein Beispiel für Wasser zu geben, etwa auf den Rhein zeigen können. Geändert hat sich etwas anderes: Im Jahre 1750 hätte man noch irrtümlich geglaubt, daß *XYZ* und die Flüssigkeit im Rhein flüssidentisch sind, während man in späteren Jahrhunderten gewußt hätte, daß dem nicht so ist. (Über Zweifel daran, daß die Flüssigkeit im Rhein von 1970 Wasser ist, sei stillschweigend hinweggegangen.)

Wenden wir uns nun einer anderen Science-fiction-Geschichte zu: Ich habe keine Ahnung, ob man aus Molybdän Pfannen und Töpfe machen kann; und wenn das geht, so ist mir doch unbekannt, ob man sie ohne Mühe von Aluminiumpfannen und -töpfen unterscheiden kann. (Ich weiß das alles nicht, obwohl ich das Wort „Molybdän" gelernt habe!) So will ich annehmen, daß außer Experten *niemand* Molybdängeschirr von Aluminiumgeschirr unterscheiden kann. (Um das noch einmal ganz klar zu sagen: Nach allem, was ich weiß, könnte es sich so verhalten, und a fortiori könnte es sich so verhalten nach allem, was ich auf Grund der Kenntnis der Bedeutung der Wörter „Aluminium" und „Molybdän" weiß.) Nehmen wir nun an, daß Molybdän auf der Zwerde ebenso gebräuchlich ist wie Aluminium auf der Erde und Aluminium auf der Zwerde ebenso selten wie Molybdän auf der Erde, und insonderheit, daß ‚Aluminium'-Pfannen und -Töpfe auf der Zwerde aus Molybdän gemacht sind. Schließlich sei angenommen, daß auf der Zwerde die Wörter „Aluminium" und „Molybdän" *vertauscht* sind: „Aluminium" ist dort der Name für Molybdän und „Molybdän" der Name für Aluminium.

Dieses Beispiel hat einiges mit dem vorhergehenden gemein. Wenn ein Raumschiff von der Erde die Zwerde besuchte, so glaubten die irdischen Besucher wahrscheinlich ohne Arg, daß die ‚Aluminium'-Pfannen und -Töpfe auf der Zwerde aus Aluminium bestehen, zumal doch die Zwerdlinge gerade das behaupten. Es gibt jedoch einen wesentlichen Unterschied zwischen den beiden Geschichten. Ein irdischer Metallurgist könnte ohne die geringste Mühe feststellen, daß ‚Aluminium' Molybdän ist, und ein zwirdischer Metallurgist könnte ebenso mühelos darauf kommen, daß Aluminium ‚Molybdän' ist (die Gänsehautfüßchen in diesem Satz markieren dabei jeweils zwirdischen Wortgebrauch). Während im Jahre 1750 weder auf der Erde noch auf der Zwerde irgendwer Wasser und ‚Wasser' unterscheiden konnte, unterläuft die Verwechslung von Alumium und ‚Aluminium' nur einem Teil der jeweiligen Sprachgemeinschaften.

Dieses Beispiel demonstriert aber dasselbe wie das erste. Wenn Oskar$_1$ bzw. Oskar$_2$ ein normaler Sprecher des Erddeutschen bzw. des Zwerddeutschen ist und wenn beide weder chemisch noch metallurgisch gebildet sind, so ist es möglich, daß bei ihrem Gebrauch des Wortes „Aluminium" überhaupt kein Unterschied hinsichtlich ihres psychischen Zustandes besteht; trotzdem kommen wir nicht umhin festzustellen, daß „Aluminium" im Idiolekt von Oskar$_1$ die Extension Aluminium und im Idiolekt von Oskar$_2$ die Extension Molybdän hat. (Auch müssen wir sagen, daß Oskar$_1$ und Oskar$_2$ unter „Aluminium" Verschiedenes verstehen und daß „Aluminium" auf der Erde eine andere Bedeutung hat als auf der Zwerde etc.). Wiederum ist festzustellen, daß der psychische Zustand des Sprechers die Extension des Wortes (oder seine Bedeutung im vortheoretischen Sinne) *nicht* bestimmt.

Wir werden dieses Beispiel gleich noch weiter diskutieren, aber es sei erst ein anderes Beispiel dazwischengeschaltet, das *nicht* der Science-fiction entstammt. Nehmen wir an, du ähneltest mir darin, daß du gleich mir Ulmen und Buchen nicht auseinanderhalten kannst. Wir sagen dennoch, daß die Extension von „Ulme" in meinem Idiolekt dieselbe ist wie die Extension von „Ulme" im Idiolekt anderer, nämlich die Menge aller Ulmen, und daß die Extension von „Buche" in deinem wie in meinem Idiolekt die Menge aller Buchen ist. „Ulme" in meinem Idiolekt hat also (wie es sich gehört) eine andere Extension als „Buche" in deinem Idiolekt. Ist es wirklich plausibel, daß dieser Extensionsunterschied von einem Unterschied in unseren *Begriffen* herrührt? Mein *Begriff* von Ulmen ist genau derselbe wie mein Begriff von Buchen (wie ich zu meiner Schande gestehen muß). (Dies zeigt übrigens, daß die Gleichsetzung von „Bedeutung“ im Sinne von Intension mit „Begriff“ nicht korrekt sein kann.) Sollte jemand unverzagt weiter dabei bleiben wollen, daß sich der Unterschied zwischen der Extension von „Ulme“ und der von „Buche“ in meinem Idiolekt durch eine Variation in meinem psychischen Zustand erklären lasse, so können wir ihn jederzeit durch die Konstruktion eines neuerlichen Zwerde-Beispiels widerlegen: Man denke sich einfach die Wörter „Ulme“ und „Buche“ auf der Zwerde vertauscht (so wie „Aluminium“ und „Molybdän“ im vorigen Beispiel); außerdem nehme man an, daß auf der Zwerde ein Doppelgänger von mir existiere, der Molekül für Molekül mit mir identisch ist (in dem Sinne, in dem zwei Schlipse identisch sein können); die Leib-Seele-Dualisten unter den Lesern dürfen zusätzlich annehmen, daß mein Doppelgänger die gleichen verbalisierten Gedanken denkt wie ich, die gleichen Sinnesdaten hat, die gleichen Dispositionen, und so weiter. Es ist absurd anzunehmen, *sein* psychischer Zustand sei auch nur um ein Jota anders als meiner; und doch meint er Buchen, wenn er „Ulme“ sagt, und ich meine Ulmen, wenn ich „Ulme“ sage. Man kann's drehen und wenden, wie man will, Bedeutungen sind einfach nicht im *Kopf!*

Eine soziolinguistische Hypothese

Die letzten zwei Beispiele beruhen auf einer die Sprache betreffenden Tatsache, die merkwürdigerweise nie Aufmerksamkeit gefunden zu haben scheint: nämlich darauf, daß es eine *sprachliche Arbeitsteilung* gibt. Es wäre uns kaum möglich, solche Wörter wie „Ulme“ und „Aluminium“ zu verwenden, wenn niemand dazu imstande wäre, Ulmen oder Aluminium zu identifizieren; aber nicht jeder, dem diese Identifikation wichtig ist, muß zu ihr in der Lage sein. Betrachten wir ein anderes Beispiel, das mit *Gold* zu tun hat. Gold ist in vielfacher Hinsicht wichtig: Es ist ein wertvolles Metall, es dient als Währungsgrundlage, es hat auch symbolischen Wert (die meisten Leute legen Wert darauf, daß ihre goldenen Eheringe *wirklich* aus Gold sind und nicht bloß so *aussehen*), und so weiter. Man stelle sich nun unsere Gesellschaft als einen ‚Betrieb‘ vor. In diesem ‚Betrieb‘ haben einige

Leute den ‚Job', goldene Eheringe zu tragen, andere haben den ‚Job', goldene Ringe zu verkaufen, und wieder andere haben den ‚Job' festzustellen, ob etwas wirklich Gold ist oder nicht. Es ist nicht im geringsten notwendig oder rationell, daß jeder, der einen Goldring (oder goldene Manschettenknöpfe etc.) trägt oder die Gold-Bindung der Währungen diskutiert etc., sich im Goldhandel betätigt. Genauso wenig ist es notwendig oder rationell, daß jeder, der mit Gold handelt, dazu imstande ist festzustellen, ob etwas wirklich Gold ist oder nicht – in einer Gesellschaft jedenfalls, in der Betrüger, die unechtes Gold verkaufen, selten sind und in der man in Zweifelsfällen ohne größere Mühen einen Experten konsultieren kann. Und es ist ganz gewiß nicht notwendig oder rationell, daß jeder, der einmal etwas aus Gold kauft oder trägt, dazu imstande ist, mit einiger Zuverlässigkeit festzustellen, ob etwas wirklich Gold ist oder nicht.

Die erwähnten Tatsachen exemplifizieren einfach eine allgemeine Arbeitsteilung (in einem weiten Sinne). Doch ziehen sie eine sprachliche Arbeitsteilung nach sich: Jeder, dem aus irgendeinem Grunde etwas an Gold liegt, muß das *Wort* „Gold" beherrschen; aber er braucht keine Methode zu beherrschen *festzustellen*, ob etwas Gold ist oder nicht. Er kann sich dabei auf eine spezielle Teilklasse von Sprechern verlassen. Die Dinge, die üblicherweise mit einem allgemeinen Namen verknüpft werden – notwendige und hinreichende Bedingungen für die Zugehörigkeit zur Extension, Methoden festzustellen, ob etwas zur Extension gehört (Kriterien), etc. – sind alle in der Sprachgemeinschaft *als Kollektiv betrachtet* zu finden; nur teilt sich dieses Kollektiv die ‚Arbeit' auf, die verschiedenen Teile der Bedeutung von „Gold" zu beherrschen und anzuwenden.

Diese sprachliche Arbeitsteilung hat natürlich eine *nicht*-sprachliche Arbeitsteilung zur Grundlage und Voraussetzung. Wenn nur für die Menschen, die zu entscheiden vermögen, ob ein Metall wirklich Gold ist oder nicht, Grund dafür bestünde, das Wort „Gold" zu beherrschen, so verhielte es sich mit dem Wort „Gold" hinsichtlich dieser Teilklasse von Sprechern ebenso wie mit dem Wort „Wasser" im Jahre 1750, und die anderen Sprecher würden es einfach nicht erlernen. Auch zeigt sich bei manchen Wörtern gar keine sprachliche Arbeitsteilung, bei „Stuhl" zum Beispiel. Mit zunehmender Arbeitsteilung in der Gesellschaft und mit der Entwicklung der Wissenschaften findet sich aber bei immer mehr Wörtern diese Art von Arbeitsteilung. Zum Beispiel hat sie bei

„Wasser“ vor der Entwicklung der Chemie überhaupt nicht bestanden. Heute jedoch muß offensichtlich jeder Sprecher Wasser (unter normalen Umständen zuverlässig) erkennen können, und wahrscheinlich kennt sogar jeder erwachsene Sprecher die notwendige und hinreichende Bedingung für Wasser, nämlich H_2O zu sein, aber nur wenige erwachsene Sprecher können Wasser von Flüssigkeiten unterscheiden, die Wasser oberflächlich ähneln. Im Zweifelsfalle würden sich die anderen Sprecher auf das Urteil dieser sachkundigen Sprecher verlassen. Die Identifizierungsmethode, über die diese sachkundigen Sprecher verfügen, steht also durch sie auch dem gesamten Sprachkollektiv zu Gebote, selbst wenn nicht jedes einzelne Glied dieses Kollektivs über sie verfügt; auf diese Weise kann noch die ausgefallenste Wahrheit über Wasser Teil der *sozialen* Bedeutung von „Wasser“ werden und gleichzeitig fast allen Sprechern, die dieses Wort beherrschen, unbekannt sein.

Mir scheint dieses Phänomen der sprachlichen Arbeitsteilung ein sehr wichtiger Untersuchungsgegenstand für die Soziolinguistik zu sein. Ich möchte daher hier die folgende Hypothese formulieren:

> *Hypothese von der universellen sprachlichen Arbeitsteilung:*
> Jede Sprachgemeinschaft weist die eben beschriebene Art von sprachlicher Arbeitsteilung auf, das heißt, sie verwendet wenigstens einige Ausdrücke, für die gilt: Die mit diesen Ausdrücken verknüpften Kriterien kennt jeweils nur eine Teilmenge der Menge aller Sprecher, die diesen Ausdruck beherrschen, und ihre Verwendung durch andere Sprecher beruht auf einer spezifischen Kooperation zwischen diesen und den Sprechern aus den jeweiligen Teilmengen.

Insbesondere wäre es interessant zu untersuchen, ob manche sehr primitive Gesellschaften von dieser Hypothese auszunehmen sind (was darauf hinweisen würde, daß die sprachliche Arbeitsteilung ein Produkt sozialer Evolution wäre) oder nicht, in welchem Falle zu vermuten wäre, daß die Arbeitsteilung einschließlich der sprachlichen ein grundlegender Wesenszug unserer Gattung ist.

Es dürfte klar sein, daß dieses Phänomen einigen der fehlerhaften Konsequenzen Rechnung trägt, zu denen die Annahmen (I) und (II) in den obigen Beispielen geführt haben. Immer wenn ein Ausdruck der sprachlichen Arbeitsteilung unterliegt, lernt der Durchschnittssprecher, der diesen Ausdruck lernt, nichts, was dessen Extension fest- falsch!

er lernt nicht, die Richtigkeit der Begriffsverwendung empirisch/wiss. zu zeigen, aber er lernt, daß Ext. von Experten zu verifizierende Bed. erfüllt sein müssen!

legte. Insbesondere legt sein individueller psychischer Zustand diese Extension nicht fest – das ist gewiß; die Extension ist erst durch den soziolinguistischen Zustand des Sprachkollektivs, dem er angehört, festgelegt.

Es gibt eben, so könnte man diese Diskussion zusammenfassen, auf der Welt zwei Arten von Werkzeugen: Es gibt Werkzeuge wie Scheren oder Schraubenzieher, die von einer Person benutzt werden können; und es gibt Werkzeuge wie Dampfschiffe, zu deren Bedienung es der Kooperation mehrerer Personen bedarf. Zu fest klebte man an der Vorstellung, Wörter funktionierten wie Werkzeuge der ersten Sorte.

Indexikalität und Starrheit[8]

Beim ersten unserer Science-fiction-Beispiele, wo es um irdisches und zwirdisches „Wasser" im Jahre 1750 ging, spielte die sprachliche Arbeitsteilung nicht herein, oder jedenfalls nicht in der Weise wie beim Aluminium- und beim Ulmenbeispiel; es gab ja (in unserer Geschichte wenigstens) im Jahre 1750 weder auf der Erde Wasserexperten noch auf der Zwerde ‚Wasser'-Experten. (Man kann in dieses Beispiel durchaus eine *zeitlich auseinandergezogene* Arbeitsteilung hineinlesen, aber ich werde diese Betrachtungsweise hier nicht weiter verfolgen.[9]) Doch stecken in diesem Beispiel Dinge, die für die Referenztheorie und ebenso für den Begriff der notwendigen Wahrheit von grundlegender Bedeutung sind; diese wollen wir jetzt diskutieren.

Wenn man jemandem sagen will, was man mit natürlichen Prädikaten wie „Wasser", „Tiger" oder „Zitrone" meint, so bieten sich dazu zwei Verfahren an. Man kann ihm eine sogenannte ostensive Definition geben: „Dies(e) (Flüssigkeit) ist Wasser", „dies(es) (Tier) ist ein Tiger", „dies(e) (Frucht) ist eine Zitrone", wobei die Klammern andeuten sollen, daß die semantischen Merkmale „Flüssigkeit", „Tier"

[8] Den Inhalt dieses Abschnitts habe ich im wesentlichen in einer Vorlesungsreihe an der University of Washington (Summer Institute in Philosophy) im Jahre 1968 und in einer Vorlesung an der University of Minnesota vorgetragen.

[9] Anderswo hat er's getan, vor allem in „Explanation and Reference", in: G. Pearce, P. Maynard (eds.), *Conceptual Change*, Dordrecht 1973, S. 199–221, wiederabgedruckt in Putnam (1975b), Kap. 11; siehe darin insbesondere Abschn. II. (Anm. d. Übers.)

und „Frucht“ implizit bleiben oder explizit gemacht werden können. Oder man kann ihm eine *Beschreibung* geben. Die Beschreibung, die man dann gibt, besteht normalerweise aus einem oder mehreren semantischen Merkmalen sowie einem *Stereotyp:* einer standardisierten Beschreibung bestehend aus Eigenschaften, die für die fragliche natürliche Art charakteristisch, ‚normal‘ oder jedenfalls stereotypisch sind. Die zentralen Eigenschaften des Stereotyps sind im allgemeinen *Kriterien* – Eigenschaften, an denen sich in normalen Situationen erkennen läßt, ob ein Ding von dieser Art ist – oder wenigstens notwendige Bedingungen (oder probabilistische notwendige Bedingungen) für die Zugehörigkeit zu dieser Art. Das Stereotyp muß nicht alle von der Sprachgemeinschaft als Kollektiv verwandten Kriterien enthalten, und manchmal können Stereotypen ziemlich inhaltsarm sein. So geht etwa (es sei denn, ich wäre ein ganz atypischer Sprecher) das Ulmen-Stereotyp über das allgemeine Stereotyp von einem Laubbaum nicht hinaus. Dessen Eigenschaften sind in der Tat notwendige Bedingungen für die Zugehörigkeit zur Art der Ulmen (dabei gebrauche ich „notwendig“ in einem laxen Sinn; ich meine nicht, daß „Ulmen sind Laubbäume“ *analytisch* ist); doch sie reichen bei weitem nicht dazu aus, Ulmen als solche zu erkennen. Dagegen reicht das Tiger-Stereotyp dazu hin, einen Tiger als solchen zu erkennen (es sei denn, er wäre ein Albino oder es lägen andere ungewöhnliche Umstände vor), und an Hand des Zitronen-Stereotyps ist man in der Regel dazu in der Lage, Zitronen als solche zu erkennen. Im Extremfall schließlich kann das Stereotyp *nur* aus einem semantischen Merkmal bestehen: Das Molybdän-Stereotyp besagt womöglich lediglich, daß Molybdän ein *Metall* ist.[10] Wir wollen nun diese beiden Verfahren, jemandes Wortschatz um ein Wort zu bereichern, näher betrachten.

Nehmen wir an, ich zeige auf ein Glas Flüssigkeit und sage: „Dies ist Wasser“, um jemandem das Wort „Wasser“ beizubringen. Wir haben bereits einige der empirischen Voraussetzungen dieser Handlung angesprochen und ausgeführt, inwiefern eine solche Bedeutungserläuterung potentiell nichtig ist. Versuchen wir, genauer zu klären, wie das zu verstehen ist.

Im folgenden will ich den Begriff der möglichen Welt als Grundbegriff verwenden – weil ich glaube, daß er in mancher Hinsicht sinnvoll

[10] Ausführlicheres zum Begriff des Stereotyps siehe S. 64–72 (Anm. d. Übers.)

und wissenschaftlich relevant ist, auch wenn er noch exakter gefaßt werden muß. Auch wollen wir annehmen, daß es wenigstens in einigen Fällen möglich ist zu sagen, ein und dasselbe Individuum existiere in mehreren möglichen Welten.[11] Unsere Diskussion wird sich eng an die Arbeit von Saul Kripke anlehnen, doch sind die Ergebnisse davon unabhängig gewonnen worden.

Seien W_1 und W_2 zwei mögliche Welten, in denen ich existiere, dieses Glas existiert und ich eine Bedeutung erläutere, indem ich auf dieses Glas zeige und sage: „Dies ist Wasser". (Wir nehmen *nicht* an, daß die Flüssigkeit im Glas in beiden Welten die gleiche ist.) Sei weiter angenommen, daß das Glas in W_1 mit H_2O und in W_2 mit *XYZ* gefüllt ist. Schließlich sei angenommen, daß W_1 die *wirkliche* Welt ist und daß *XYZ* die Substanz ist, die in W_2 normalerweise „Wasser" genannt wird. (Das Verhältnis zwischen Deutschsprechenden in W_1 und Deutschsprechenden in W_2 ist also genau dasselbe wie das zwischen irdischen und zwirdischen Deutschsprechenden.) Man kann dann zwei Auffassungen von der Bedeutung von „Wasser" haben:

(1) Man kann die Ansicht vertreten, daß die Bedeutung von „Wasser" *relativ* auf mögliche Welten, aber *konstant* ist (d.h. daß „Wasser" eine *konstante relative Bedeutung* hat). Nach dieser Auffassung *bedeutet* „Wasser" in W_1 und W_2 dasselbe; nur ist eben Wasser in W_1 H_2O und in W_2 *XYZ*.

(2) Man kann die Ansicht vertreten, daß Wasser in jeder Welt H_2O ist (die Substanz, die in W_2 „Wasser" genannt wird, ist kein Wasser) und daß aber „Wasser" in W_1 und W_2 nicht dieselbe Bedeutung hat.

Wenn stimmt, was wir oben im Falle der Zwerde ausgeführt haben, so ist eindeutig (2) die richtige Auffassung. In meiner Äußerung „dies(e) (Flüssigkeit) ist Wasser" ist das „dies" sozusagen ein „dies" *de re*; das heißt, meine Erläuterung besagt, daß „Wasser" auf all das zutrifft, was in einer bestimmten Äquivalenzrelation (in der Relation der Flüssidentität, wie wir sie oben genannt haben) zu der Flüssigkeitsmenge steht, auf das sich das „dies" *in der wirklichen Welt* bezieht.

Der Unterschied zwischen den beiden Auffassungen läßt sich in der folgenden Weise durch unterschiedliche ‚Bereiche' darstellen. Der Auffassung (1) zufolge gilt:

[11] Genau genommen brauchen wir im folgenden nicht diese Annahme, sondern die Annahme, daß ein und dieselbe *natürliche Art* in mehreren möglichen Welten vorhanden ist.

(1′) Für alle möglichen Welten W und alle x in W gilt: x ist Wasser genau dann, wenn x flüssidentisch ist mit der in W durch „dies" bezeichneten Entität.

bezogen auf derzeit gültigen Referenz-mechanismus

Und nach der Auffassung (2) gilt:

(2′) Für alle möglichen Welten W und alle x in W gilt: x ist Wasser genau dann, wenn x flüssidentisch ist mit der *in der wirklichen Welt* W_1 durch „dies" bezeichneten Entität.

nur, insofern es Bedeutung festgelegt

(Daß ich dies einen Unterschied im ‚Bereich' nenne, hat den folgenden Grund: In (1′) steht der Ausdruck „die durch ‚dies' bezeichnete Entität" im Bereich des Quantors „für alle möglichen Welten W", wie der Zusatz „in W" klar macht. Dagegen bedeutet der Ausdruck „die durch ‚dies' bezeichnete Entität" in (2′) „die *in der wirklichen Welt* durch ‚dies' bezeichnete Entität"; was er benennt, ist also *unabhängig* von der gebundenen Variablen „W".)

Kripke nennt einen Designator (in einem bestimmten Satz) *starr,* wenn dieser Designator in jeder möglichen Welt, in der er überhaupt etwas bezeichnet, dasselbe Individuum bezeichnet. Wenn wir den Begriff der Starrheit auf allgemeine Namen ausdehnen, so können wir Kripkes und meine Auffassung mit der Aussage ausdrücken, daß das Wort „Wasser" *starr* ist.

Die Starrheit des Wortes „Wasser" folgt aus der Tatsache, daß ich mit der ostensiven Definition „*dies*(*e*) (Flüssigkeit) ist Wasser" (2′) und nicht (1′) meine.

Wir könnten nach Kripke auch sagen, daß in der ostensiven Definition „*dies*(*e*) (Flüssigkeit) ist Wasser" das Demonstrativpronomen „dies" *starr* ist.

Was Kripke als erster gesehen hat, ist, daß diese Theorie der Bedeutung (oder des Gebrauchs oder wie immer) des Wortes „Wasser" (und ebenso anderer natürlicher Prädikate) verblüffende Konsequenzen für den Begriff der notwendigen Wahrheit hat.

Um diese zu erklären, muß ich den Begriff der *Querwelt-Relation* einführen. Eine zweistellige Relation wird dann als Querwelt-Relation aufgefaßt, wenn man sie so versteht, daß ihre Extension eine Menge von geordneten Paaren aus Individuen ist, die *nicht alle derselben möglichen Welt* entstammen. Z.B. läßt sich die Relation „gleich groß

„dies" kann überhaupt nicht einen Begriff konstituieren, sondern funktioniert wie Name willkürl. ausgewählte Bedeutung (etwa Farbe, Konsistenz, Geruch, Geschmack, aber nicht Ort, Geschichte,

wie“ leicht als Querwelt-Relation verstehen: einfach indem man jedes geordnete Paar (x, y) zu ihrer Extension rechnet, in dem x ein Individuum aus einer Welt W_1 ist, das (in W_1) z.B. anderthalb Meter groß ist, und y ein Individuum aus W_2, das (in W_2) auch anderthalb Meter groß ist. (Da ein Individuum in verschiedenen möglichen Welten verschieden groß sein kann, ist genau genommen nicht das Paar (x, y), sondern das Paar (x-*in*-W_1, y-*in*-W_2) ein Element der Extension von „gleich groß wie“.)

In gleicher Weise können wir die Relation der Flüssidentität als eine Querwelt-Relation auffassen, indem wir eine Flüssigkeit in W_1 und eine in W_2 als flüssidentisch ansehen, wenn die eine (in W_1) in ihren maßgeblichen physikalischen Eigenschaften mit der andern (in W_2) übereinstimmt.

Die hier dargelegte Auffassung könnte man dann auch so zusammenfassen: Eine zu einer beliebigen möglichen Welt gehörende Entität x ist genau dann Wasser, wenn sie damit, was *wir* in der *wirklichen* Welt alles „Wasser“ nennen, flüssidentisch ist („flüssidentisch“ als Querwelt-Relation aufgefaßt).

Nehmen wir nun an, ich hätte die maßgeblichen physikalischen Eigenschaften von Wasser (in unserer Welt) noch nicht herausgefunden, das heißt, ich wüßte noch nicht, daß Wasser H_2O ist. Ich habe zwar so meine Wasseridentifizierungsmethoden, und die sind auch durchaus erfolgreich (auch wenn ich manchmal Fehler mache, die ich erst in einem späteren Stadium meiner wissenschaftlichen Entwicklung aufzudecken vermag), aber ich kenne die Mikrostruktur von Wasser nicht. Wenn ich nun zudem der Meinung bin, daß eine Flüssigkeit, die dieselben oberflächlichen Eigenschaften wie Wasser, aber eine andere Mikrostruktur hat, *nicht wirklich Wasser ist,* so können meine Wasseridentifizierungsmethoden (meine ‚operationale Definition‘ sozusagen) nicht als analytische Spezifikation dessen dienen, was es heißt, Wasser zu sein. Vielmehr gibt die operationale Definition, wie die ostensive, einfach einen Maßstab: indem sie eine Klasse von Entitäten *in der wirklichen Welt* auszeichnet, mit deren *normalen* Elementen ein Ding x, aus welcher Welt auch immer, flüssidentisch sein muß, um Wasser zu sein. Zwirdisches ‚Wasser‘, und erfülle es noch so vorbildlich die operationale Definition, ist kein Wasser, einfach weil es mit den hiesigen Sachen, die die operationale Definition erfüllen, nicht flüssidentisch ist; und hiesige Sachen, die der operationalen Definition

durch das, was wir als klassenbildend annehmen (also etwa die Mikrostruktur)

genügen, aber eine andere Mikrostruktur haben als die sonstigen hiesigen Sachen, die der operationalen Definition genügen, sind auch nicht Wasser, einfach weil sie mit den *Normal*fällen des hier „Wasser" Genannten nicht flüssidentisch sind.

Nehmen wir weiter an, ich fände nun die Mikrostruktur von Wasser heraus, d.h. daß Wasser H_2O ist. Dann bin ich dazu imstande festzustellen, daß das zwirdische Zeug, das ich irrtümlich für Wasser gehalten habe, in Wahrheit kein Wasser ist. Und wenn jemand statt eines anderen Planeten im wirklichen Universum ein mögliches, anderes Universum beschriebe, in dem es eine Substanz mit der chemischen Formel *XYZ* und den operationalen Eigenschaften von Wasser gibt, so müßten wir gleichfalls sagen, daß diese Substanz eben *XYZ* und nicht Wasser ist. Er hätte nicht eine mögliche Welt beschrieben, in der Wasser *XYZ* ist, sondern lediglich eine mögliche Welt, in der *XYZ* (und nicht Wasser) Seen füllt, Durst löscht etc. In der Tat gilt, sobald wir einmal der Natur des Wassers auf den Grund gekommen sind, nichts als mögliche Welt, worin Wasser nicht diese Natur besitzt. Haben wir einmal herausgefunden, daß Wasser (in der wirklichen Welt) H_2O ist, *so gilt nichts als mögliche Welt, worin Wasser nicht* H_2O *ist.* Und wenn man eine Aussage, die in einer logisch möglichen Welt wahr ist, logisch möglich nennt, so ist es insbesondere *logisch unmöglich, daß Wasser nicht* H_2O *ist.*

Andererseits können wir uns sehr wohl Erfahrungen ausmalen, die uns davon überzeugten (und auf Grund derer es vernünftig wäre anzunehmen), daß Wasser *nicht* H_2O ist. In diesem Sinne ist es vorstellbar, daß Wasser nicht H_2O ist. Es ist vorstellbar und doch logisch unmöglich! Vorstellbarkeit beweist nicht logische Möglichkeit.

Kripke bezeichnet Aussagen, die sich vernünftigerweise nicht revidieren lassen (so es solche gibt), als *epistemisch notwendig*. Aussagen, die in allen möglichen Welten wahr sind, nennt er einfach notwendig (oder manchmal auch metaphysisch notwendig). In dieser Sprechweise läßt sich das gerade erzielte Ergebnis auch so ausdrücken: Eine Aussage kann (metaphysisch) notwendig und epistemisch kontingent sein. Menschliche Intuition hat keinen privilegierten Zugang zu metaphysischer Notwendigkeit.

Seit Kant gab es eine tiefgehende Entzweiung zwischen Philosophen, die glaubten, daß alle notwendigen Wahrheiten analytisch seien, und Philosophen, die glaubten, daß einige notwendige Wahrheiten synthetisch a priori seien. Aber kein einziger dieser Philosophen dachte daran, daß eine (metaphysisch) notwendige Wahrheit nicht a priori sein könnte. Die kantische und die empiristische Tradition machten sich der Gleichsetzung von metaphysischer und epistemischer Notwendigkeit gleichermaßen schuldig. Insofern geht Kripkes Angriff auf die herrschende Lehre weit über das übliche kantisch-empiristische Geplänkel hinaus.

Doch kehren wir zur Bedeutungstheorie zurück; um die geht es uns hier ja und nicht um eine Theorie der notwendigen Wahrheit. Mit Hilfe des Begriffs der *Indexikalität* lassen sich mit Kripkes Beobachtungen eng verwandte Feststellungen treffen:[12] Es ist schon lange bekannt, daß Wörter wie „jetzt", „dies" oder „hier" *indexikalisch* oder *verwendungsrelativ* sind, d.h. in verschiedenen Kontexten oder bei verschiedenen Verwendungen verschiedene Extension haben. Nie kam jemand auf die Idee, die traditionelle These, daß Intension Extension bestimme, auf diese Wörter auszudehnen. Gebe es, um wieder unser Zwerdenbeispiel heranzuziehen, auf der Zwerde einen Doppelgänger von mir. Wenn ich denke: „Ich habe Kopfschmerzen", so denkt er auch: „Ich habe Kopfschmerzen". Doch die Extension des Vorkommnisses von „ich" in *seinem* verbalisierten Gedanken ist *er* (bzw., um genau zu sein, die aus ihm bestehende Einermenge), und die Extension des Vorkommnisses von „ich" in *meinem* verbalisierten Gedanken besteht aus *mir*. Dasselbe Wort „ich" hat also in zwei verschiedenen Idiolekten zwei verschiedene Extensionen; doch es folgt keineswegs, daß der Begriff, den ich von mir habe, sich in irgendeiner Weise von dem Begriff unterscheidet, den mein Doppelgänger von sich hat.

Was wir ausgeführt haben, besagt dann, daß sich Indexikalität nicht auf die *offenkundig* indexikalischen Wörter und Morpheme (wie die Zeitformen von Verben) beschränkt. Unsere These läßt sich mit der Aussage zusammenfassen, daß Wörter wie „Wasser" eine unbemerkt gebliebene indexikalische Komponente haben: Wasser ist etwas, das in einer bestimmten Ähnlichkeitsrelation zum *hiesigen* Wasser steht. Wasser, das anderswo, anderswann oder gar in einer anderen möglichen Welt existiert, muß, *um Wasser zu sein*, mit *unserm* Wasser flüssidentisch sein. Daher kann die Ansicht, daß die Intension eines

[12] Diese habe ich in den in Anmerkung 8 (S. 40) erwähnten Vorlesungen vorgetragen.

Wortes erstens so etwas wie ein Begriff ist, den die Sprecher mit dem Wort verknüpfen, und daß Intension zweitens Extension bestimmt, auf natürliche Prädikate wie „Wasser" nicht zutreffen – aus demselben Grunde, aus dem diese Ansicht nicht für offenkundig indexikalische Wörter wie „ich" gelten kann.

Die Aussage, daß natürliche Prädikate wie „Wasser" indexikalisch sind, läßt jedoch zwei Möglichkeiten offen: Zum einen kann man sagen, das erddeutsche „Wasser" und das zwerddeutsche „Wasser" hätten dieselbe *Bedeutung* und aber verschiedene Extension (was man normalerweise über die Vorkommnisse von „ich" in verschiedenen Idiolekten sagen würde), und damit die These aufgeben, Bedeutung (Intension) bestimme Extension; oder man kann, wie wir es getan haben, sagen, daß bei natürlichen Prädikaten ein Extensionsunterschied *ipso facto* einen Bedeutungsunterschied ausmacht, und damit die Lehre aufgeben, daß Bedeutungen Begriffe oder irgendwie geartete geistige Entitäten sind.

Jedenfalls dürfte klar sein, daß Kripkes These von der Starrheit natürlicher Prädikate und unsere These von ihrer Indexikalität zwei Seiten einer Münze sind. Wir können nur von Herzen beipflichten, wenn Kripke schreibt:

„Nehmen wir an, wir legten die Referenz eines Namens mit Hilfe einer Kennzeichnung fest. Das heißt nicht, daß wir den Namen und die Kennzeichnung zu Synonymen machen; vielmehr gebrauchen wir den Namen als starren Designator für den so bezeichneten Gegenstand, selbst dann, wenn wir über kontrafaktische Gegebenheiten sprechen, nach denen dieser Gegenstand der fraglichen Kennzeichnung nicht genügt. Dies trifft meines Erachtens allemal auf Bezeichnungen zu, deren Referenz durch eine Kennzeichnung festgelegt ist. Doch glaube ich darüber hinaus im Gegensatz zu den meisten heutigen Philosophen, daß die Referenz eines Namens selten oder fast nie mit Hilfe einer Kennzeichnung festgelegt ist. Und damit meine ich nicht einfach, was Searle sagt, nämlich daß ‚die Referenz nicht durch eine einzige Kennzeichnung, sondern vielmehr durch ein Bündel oder eine Familie von Eigenschaften festgelegt wird'. Nein, ich meine, daß Eigenschaften in diesem Sinne überhaupt nicht verwandt werden." (Kripke, (1972a), S. 157)

Ich will nun meinen Standpunkt einer Meinung gegenüberstellen, die zumindest unter Studenten sehr beliebt ist (sie scheint spontan aufzukommen). Dies geschehe am Beispiel des natürlichen Prädikates „Gold". Wir wollen dabei nicht zwischen „Gold" und den entsprechenden griechischen und lateinischen Wörtern etc. unterscheiden. Auch wollen wir unter „Gold" Gold im festen Zustand verstehen. Nach diesen Vorbereitungen behaupten wir: Die *Extension* von „Gold" hat sich in den letzten zwei Jahrtausenden nicht (oder nicht wesentlich) geändert. Zwar haben sich unsere Gold*identifizierungsmethoden* ungeheuer verfeinert; aber die Extension von „χρυσὸς" in Archimedes' Griechisch-Idiolekt ist dieselbe wie die von „Gold" in meinem Deutsch-Idiolekt.

Es ist denkbar (und wir wollen annehmen, es sei so), daß es Metallstücke gegeben hat, die man vor Archimedes' Zeiten nicht als *Nicht*-Gold entlarven konnte, und daß es ebenso Metallstücke gegeben hat oder gibt, die man zu Archimedes' Zeiten nicht als *Nicht*-Gold entlarven konnte, doch die wir mit unseren modernen Methoden ohne Schwierigkeiten von Gold unterscheiden können. Sei *X* ein solches Metallstück. Natürlich liegt *X* nicht in der Extension von „Gold" im üblichen deutschen Sinne; und ich meine, daß es genauso wenig in der Extension des altgriechischen „χρυσὸς" liegt, auch wenn ein Grieche im Altertum *X* irrtümlich für Gold (oder vielmehr für χρυσὸς) gehalten hätte.

Stattdessen könnte man der Meinung sein, daß „Gold" das bezeichnet, was der *jeweils* gebräuchlichen ‚operationalen Definition' von „Gold" genügt. Vor hundert Jahren bezeichnete „Gold", was der vor hundert Jahren gebräuchlichen operationalen Definition von „Gold" genügte; heute bezeichnet „Gold", was der im Jahre 1973 gebräuchlichen operationalen Definition genügt; und „χρυσὸς" bezeichnete, was der *damals* gebräuchlichen operationalen Definition von „χρυσὸς" genügte.

Ein verbreitetes Motiv für diese Meinung ist ein gewisser Skeptizismus bezüglich *Wahrheit*. Nach dem von mir vertretenen Standpunkt behauptete Archimedes, wenn er sagte, etwas sei Gold (χρυσὸς), nicht einfach, daß es die oberflächlichen Merkmale von Gold trüge (in Ausnahmefällen kann etwas einer natürlichen Art zugehören und trotz-

Erkennen und Wissen ist Begriff 2. Ordn. (nur dann bei Gold, wenn gleiche chem. Zusammensetzung sie nachweisbar wies, zum Begriff gehörte)

dem nicht die oberflächlichen Merkmale von Dingen dieser Art aufweisen); vielmehr behauptete er, daß es die gleiche allgemeine *verborgene Struktur* (sozusagen das gleiche ‚Wesen') habe wie jedes normale hiesige Goldstück. Archimedes hätte behauptet, daß unser hypothetisches Metallstück *X* Gold ist, aber er hätte *unrecht* gehabt. Aber *wer sagt das*, daß er unrecht gehabt hätte?

Die Antwort ist eindeutig: *Wir sagen das* (vom Standpunkt der besten, heute verfügbaren Theorie aus). Für die meisten Leute sticht entweder die Frage (wer sagt das?), aber nicht unsere Antwort, oder unsere Antwort, aber nicht die Frage. Wieso?

Der Grund dafür ist meines Erachtens, daß die Leute in ihren Intuitionen entweder einem strikten Antirealismus oder einem strikten Realismus zuneigen. Für strikt antirealistische Intuitionen macht es nicht viel Sinn zu sagen, die Extension von Archimedes' Ausdruck „χρυσὸς" sei durch *unsere* Theorie zu bestimmen. Denn der Antirealist versteht unsere Theorie und die des Archimedes nicht als zwei ungefähr richtige Beschreibungen eines festen Bestandes theorieunabhängiger Entitäten, und er ist skeptisch gegenüber der Vorstellung, die Wissenschaft ‚konvergiere', er glaubt nicht, daß unsere Theorie eine *bessere* Beschreibung *derselben* Entitäten ist, die Archimedes beschrieben hat. Aber wenn unsere Theorie *bloß* unsere Theorie ist, dann könnte man statt ihrer genauso gut die der Neanderthaler heranziehen, um zu entscheiden, ob *X* zur Extension von „χρυσὸς" gehört oder nicht; beides ist willkürlich. Die einzige, *nicht* willkürliche Theorie ist die, die der Sprecher selbst vertritt.

Problematisch daran ist, daß für einen strikten Antirealisten Wahrheit *nur* als ein Theorien untergeordneter Begriff sinnvoll ist.[13] Der Antirealist kann den Wahrheitsbegriff jeweils innerhalb einer Theorie im Sinne einer Redundanztheorie der Wahrheit verwenden; aber ein Theorien übergeordneter Wahrheits- und Referenzbegriff steht ihm nicht zur Verfügung. Doch ist Extension unauflöslich mit Wahrheit verknüpft; *x* gehört eben genau dann zur Extension eines Prädikates *F*, wenn „*x* ist ein *F*" wahr ist. Statt einen leidigen Operationalismus zu bemühen, um doch noch den Extensionsbegriff zu behalten, sollte er lieber den Extensionsbegriff ebenso wie den Wahrheitsbegriff (in einem Theorien übergeordneten Sinn) verwerfen. Er kann sich, wie es

[13] Siehe dazu mein „Explanation and Reference" (vgl. Fußnote 9, S. 40).

z.B. Dewey getan hat, auf einen Begriff der ‚begründeten Behauptbarkeit' zurückziehen (und ihn auf die wissenschaftliche Methode relativieren, falls er meint, es gäbe eine *feste* wissenschaftliche Methode, oder auf die besten, jeweils verfügbaren Methoden, falls er wie Dewey meint, daß sich die wissenschaftliche Methode selbst entwickle). Er kann dann sagen, daß sich „*X* ist Gold (χρυσὸς)" zu Archimedes' Zeiten begründet behaupten ließ und heute nicht mehr begründet behaupten läßt (dies ist in der Tat eine *minimale* Aussage in dem Sinne, daß es das Minimum dessen darstellt, worüber der Antirealist sich mit dem Realisten einig sein kann); aber die Aussage, daß *X* in der Extension von „χρυσὸς" lag, müßte er genauso wie die Aussage, daß „*X* ist Gold (χρυσὸς)" *wahr* war, als sinnlos verwerfen.

Es ist wohlbekannt, daß ein strenger Operationalismus dem tatsächlichen Gebrauch wissenschaftlicher wie alltäglicher Ausdrücke nicht gerecht zu werden vermag. Liberalisierte Fassungen des Operationalismus wie Carnaps Version von Ramseys Theorie[14] passen zwar zum tatsächlichen wissenschaftlichen Gebrauch (hauptsächlich deswegen, weil sie zu jedem denkbaren Gebrauch passen!), wenn sie ihm schon nicht Rechnung tragen; aber selbst das schaffen sie nur, indem sie aus der Mitteilbarkeit wissenschaftlicher Ergebnisse ein *Wunder* machen. Es steht außer Zweifel, daß Wissenschaftler ihre Ausdrücke so gebrauchen, als seien die mit ihnen verknüpften Kriterien nicht *notwendige und hinreichende Bedingungen,* sondern *ungefähr* zutreffende Charakterisierungen einer Welt theorieunabhängiger Entitäten, und daß sie sich auch so äußern, als seien die später entwickelten Theorien einer reifen Wissenschaft im allgemeinen *bessere* Beschreibungen derselben Entitäten, über die auch schon die früheren Theorien gesprochen haben. Meiner Meinung nach ist die Hypothese, daß dem *tatsächlich* so ist, die einzige, die die Mitteilbarkeit wissenschaftlicher Ergebnisse, die Abgeschlossenheit akzeptabler wissenschaftlicher Theorien gegenüber der Prädikatenlogik erster Stufe und viele andere Merkmale der wissenschaftlichen Methode zu erklären vermag.[15] Aber es war nicht mein Ziel, das nun zu begründen. Ich will lediglich darauf hinaus, daß wir – wenn wir den Wahrheits- und den Extensionsbegriff in einer Theorien übergeordneten Weise verwenden wollen (das heißt, wenn

[14] Siehe etwa Carnap (1966), Kap. 26. (Anm. d. Übers.)
[15] Für eine lehrreiche Diskussion dieser Dinge siehe Boyd (1973).

diese Begriffe auch für Aussagen definiert sein sollen, die in der Sprache von Theorien, die nicht die unseren sind, abgefaßt sind) – uns dann auch auf den realistischen Standpunkt stellen müssen, dem diese Begriffe entstammen. Der Zweifel, ob *wir* sagen können, *X* liege nicht in der Extension von „Gold", so wie Johann dieses Wort gebraucht, ist der *gleiche* Zweifel wie der, ob die Annahme sinnvoll ist, Johanns Aussage „*X* ist Gold" sei *wahr* bzw. *falsch* (und nicht bloß für ihn, aber nicht für uns begründet behauptbar). Den Wahrheitsbegriff, der wesentlich ein realistischer Begriff ist, mit antirealistischen Vorurteilen in einer unhaltbaren Bedeutungstheorie zu kombinieren, bringt uns nicht weiter.

Ein zweites Motiv für einen streng operationalistischen Standpunkt ist eine Abneigung gegen nicht verifizierbare Hypothesen. Auf den ersten Blick sieht es so aus, als sagten wir, daß „*X* ist Gold (χρυσὸς)" zu Archimedes' Zeiten falsch war, obwohl Archimedes *prinzipiell* nicht wissen konnte, daß es falsch war. Aber ganz so verhält es sich nicht. Tatsächlich gibt es zahlreiche Situationen, die wir (mit Hilfe gerade der Theorie, die uns sagt, daß *X* kein Gold ist) beschreiben können und in denen sich *X* ganz anders verhielte als die übrigen Dinge, die Archimedes für Gold gehalten hätte. Vielleicht hätte sich *X* in flüssigem Zustande in zwei Metalle geschieden oder einen anderen elektrischen Widerstand oder eine andere Verdampfungstemperatur gehabt, und so weiter. Wenn wir die einschlägigen Experimente durchführten und Archimedes uns dabei zuschaute, so kennte er zwar vielleicht nicht die Theorie dazu, aber er hätte Gelegenheit gehabt, die empirische Regelmäßigkeit

> „*X* verhält sich in mehrfacher Hinsicht anders als das übrige Zeug, das für mich χρυσὸς ist"

zu überprüfen. Und vielleicht käme er zu dem Schluß: „*X* ist vermutlich doch kein Gold."

Der Witz ist eben, daß etwas die zu einer bestimmten Zeit gebräuchlichen Goldidentifizierungskriterien erfüllen und sich dennoch in diversen Situationen anders verhalten kann als die übrigen, diesen Kriterien genügenden Dinge. Dies *beweist* nicht unbedingt, daß es kein Gold ist, aber die Hypothese, daß es keines ist, steht damit erst einmal im Raum, selbst wenn es noch an theoretischer Aufklärung dazu fehlt. Wenn wir nun Archimedes außerdem mitteilten, daß Gold (nicht *X*) die und die molekulare Struktur habe und daß *X* sich auf Grund seiner anders gearteten molekularen Struktur anders verhalte, wer wollte bezweifeln, daß er dann nicht auch sagen würde, daß *X* kein Gold sei? Jedenfalls scheint es mir lächerlich zu sein, sich von der Möglichkeit beunruhigen zu lassen, daß etwas (zu einer bestimmten Zeit) *wahr* ist und trotzdem (zu dieser Zeit) nicht *verifiziert* werden kann. Ganz gewiß läßt jedweder vernünftige Standpunkt Dinge zu, die wahr sind und doch zu keiner Zeit verifiziert werden können. Nehmen wir zum Beispiel an, es gäbe unendlich viele Doppelsterne. *Müssen* wir, wenigstens *im Prinzip,* dazu imstande sein, das zu verifizieren?[16]

Bislang haben wir metaphysische Argumente gegen unsere Darlegung abgehandelt. Doch könnte jemand auch betreffs empirischer Fakten, betreffs der Intentionen der Sprecher, anderer Meinung sein als wir; es könnte etwa jemand glauben, daß Archimedes in dem oben beschriebenen Gedankenexperiment zu sich gesagt hätte: „Es spielt keine Rolle, daß *X* sich anders als andere Goldstücke verhält; *X* ist Gold, weil *X* die und die Eigenschaften hat und das allein Gold auszeichnet." Zwar können wir uns in der Tat nicht sicher sein, daß die altgriechischen natürlichen Prädikate genauso funktionierten wie die entsprechenden modernen deutschen Wörter, aber hinsichtlich der letzteren kann da kein ernsthafter Zweifel bestehen. Ich glaube, wenn wir philosophische Vorurteile beiseite schieben, so wissen wir im Grunde ganz genau, daß keine operationale Definition eine notwendige und hinreichende Bedingung für die Anwendung irgendeines solchen Wortes liefert. Wir geben vielleicht so etwas wie eine operationale Definition oder ein Bündel von Eigenschaften an, doch niemals mit der Absicht, „den Namen und die Kennzeichnung zu *Synonymen* zu machen; vielmehr gebrauchen wir den Namen als *starren* Designator" für Dinge der *Natur,* die Dinge normalerweise haben, wenn sie der Kennzeichnung genügen.

[16] Siehe dazu mein „Logical Positivism and the Philosophy of Mind", in: P. Achinstein, S. Barker (eds.), *The Legacy of Logical Positivism,* Baltimore 1969, wiederabgedruckt in Putnam (1975b), Kap. 22; und ebenso mein „‚Degree of Confirmation' and Inductive Logic", in: P. A. Schilpp (ed.), *The Philosophy of Rudolf Carnap*, La Salle, Ill., 1963, wiederabgedruckt in Putnam (1975a), Kap. 17; sowie mein „Probability and Confirmation", *The Voice of America, Forum Philosophy of Science* 10 (1963), wiederabgedruckt in Putnam (1975a), Kap. 18.

Die gleichen Wörter in anderem Sinn

Bisher haben wir natürliche Prädikate in ihrem vorherrschenden Sinn (oder vielmehr in ihrer vorherrschenden *Extension*) untersucht. Doch lassen sich natürliche Prädikate normalerweise in mehr als einem Sinn verstehen (nach Ziff haben sie sogar ein Sinn*kontinuum*).

Teilweise läßt sich das mit Hilfe unserer Theorie erklären. Zum Beispiel heißt, Wasser zu sein, mit gewissen Dingen flüssidentisch zu sein. Aber was ist Flüssidentität?

x und *y* sind genau dann flüssidentisch, wenn (1) *x* und *y* beide Flüssigkeiten sind und wenn (2) *x* und *y* in ihren wichtigen physikalischen Eigenschaften übereinstimmen. Der Ausdruck „Flüssigkeit" ist seinerseits ein natürliches Prädikat, das ich hier nicht untersuchen will; und der Ausdruck „Eigenschaft" ist einer jener Breitbandbegriffe, die wir schon anderswo analysiert haben.[17] Worauf ich mich jetzt konzentrieren will, ist der Begriff der *Wichtigkeit*. Was wichtig ist, hängt von den bestehenden Interessen ab. Normalerweise sind diejenigen Eigenschaften einer Flüssigkeit oder eines festen Körpers etc. wichtig, die *strukturell* wichtig sind: also diejenigen, die angeben, aus was allem die Flüssigkeit oder der feste Körper etc. letztlich besteht – ob aus Elementarteilchen, aus Wasserstoff und Sauerstoff, aus Erde, Luft, Wasser und Feuer, oder aus was sonst – und wie das sich zusammensetzt und so die oberflächlichen Eigenschaften erzeugt. So besehen, besteht die typische Wassermenge aus H_2O. Doch ist es nicht immer wichtig, daß nichts beigemengt ist; im einen Kontext kann „Wasser" *chemisch reines* Wasser bedeuten und im andern die Brühe im Rhein. Manchmal kann ein Sprecher auch *XYZ* als Wasser bezeichnen, wenn man es wie Wasser *benutzt*. Normalerweise ist es wichtig, daß sich Wasser im flüssigen Zustand befindet; aber manchmal ist auch das unwichtig, und man bezeichnet ein einzelnes H_2O-Molekül oder Wasserdampf (‚Wasser in der Luft') als Wasser.

Selbst wenn ein Sinn so weit hergeholt ist, daß er eigentlich schon etwas ‚abweichend' ist, kann er noch einen deutlichen Bezug zum

[17] z.B. in „What Theories are Not", in: E. Nagel, P. Suppes, A. Tarski (eds.), *Logic, Methodology and Philosophy of Science,* Stanford 1962, S. 240–251, wiederabgedruckt in Putnam (1975a), Kap. 13; „Breitbandbegriff" ist dabei eine Übersetzung von Putnams Erfindung „broad-spectrum term". (Anm. d. Übers.)

Hauptsinn haben. Zum Beispiel könnte es sein, daß ich sage: „Hast du die Zitrone gesehen?" und damit jene *Plastik*zitrone meine. Weniger abweichend ist folgendes: Wir finden auf dem Mars ‚Tiger'; das heißt, sie schauen wie Tiger aus, doch hat ihre Chemie Silizium und nicht Kohlenstoff zum Grundstoff (ein ungewöhnlicher Fall paralleler Evolution). Sind Mars-‚Tiger' Tiger? Das hängt vom Kontext ab.

Bei der hier vertretenen Theorie, wie bei jeder Theorie, die mit eingefahrenen Denkweisen über Kreuz ist, tauchen unweigerlich Mißverständnisse auf. Eines hat sich schon artikuliert; ein Kritiker meinte, daß der *vorherrschende* Sinn etwa von „Zitrone" der sei, wonach etwas eine Zitrone ist, wenn es die oberflächlichen Merkmale einer Zitrone (in hinreichender Anzahl) aufweist. Derselbe Kritiker meinte auch, daß es nur im rein *wissenschaftlichen* Sinn von „Zitrone" fürs Zitronensein notwendig sei, die verborgene Struktur, den genetischen Code einer Zitrone zu haben. Diese beiden Behauptungen scheinen mir auf einem Mißverständnis zu beruhen oder vielleicht auch auf zwei sich ergänzenden Mißverständnissen.

Der Sinn, nach dem buchstäblich *alles,* was die oberflächlichen Merkmale einer Zitrone hat, notwendig eine Zitrone ist, ist ganz entschieden nicht der vorherrschende, sondern ein extrem abweichender. In diesem Sinne wäre etwas eine Zitrone, sobald es wie eine Zitrone aussähe und schmeckte, ungeachtet zum Beispiel dessen, ob es Silizium als Grundstoff hat oder sich unter einem Elektronenmikroskop gar als *Maschine* herausstellt. (Selbst wenn wir „wie eine Zitrone wachsen" zu den oberflächlichen Merkmalen dazurechnen, so wäre damit die Siliziumzitrone nicht ausgeschlossen; vielleicht gibt es auf dem Mars ‚Zitronen'-Bäume. Auch die Maschinenzitronen wären damit nicht ausgeschlossen; womöglich ist auch der Baum eine Maschine!)

Andererseits ist der Sinn, nach dem etwas, um eine Zitrone zu sein, den genetischen Code einer Zitrone haben muß, *nicht* der gleiche wie der technische Sinn (sofern es, was ich bezweifle, überhaupt einen solchen gibt). Im technischen Sinne wäre, so nehme ich an, „Zitrone" *synonym* mit einer Beschreibung, die den genetischen Code im Detail *angibt*. Doch als wir (im Rahmen eines anderen Beispiels) gesagt haben, daß etwas, um Wasser zu sein, H_2O sein müsse, so hieß das nicht, daß der Sprecher dies *wissen* müsse, und das hatten wir auch klar gemacht. Nur wer *metaphysische* mit *epistemischer* Notwendigkeit verwechselt, kann darauf kommen, daß „Wasser" mit „H_2O" synonym sein müsse, wo doch die (metaphysisch notwendige) Wahrheitsbedingung für Wasser darin besteht, H_2O zu sein. (Bestünde diese Synonymie, so wäre „Wasser“ sicherlich ein rein wissenschaftlicher Ausdruck.) Und das gleiche gilt für Zitronen: Zwar ist, glaube ich, im vorherrschenden Sinn von „Zitrone“ etwas nur dann eine Zitrone, wenn es den genetischen Code einer Zitrone hat; doch folgt daraus nicht, daß „Zitrone“ mit einer Beschreibung synonym ist, die den genetischen Code explizit oder anderswie angibt.

Die fehlerhafte Annahme, in einem wichtigen (oder gar im vorherrschenden) Sinn von „Zitrone“ seien die oberflächlichen Merkmale von Zitronen fürs Zitronensein zumindest *hinreichend,* wird eher verständlich, wenn man die Eigenschaft „sich mit Zitronen kreuzen lassen“ zu den oberflächlichen Merkmalen rechnet. Aber die Eigenschaft, sich mit Zitronen kreuzen zu lassen, setzt den Begriff der Zitrone schon voraus. Selbst wenn man also auf diese Weise eine hinreichende Bedingung erhielte, so hätte man doch das gewünschte Ergebnis von vornherein hineingesteckt und sich in keinerlei Gegensatz zu unserer Charakterisierung begeben. Außerdem lieferten uns solche den Begriff der Zitrone voraussetzenden Charakterisierungen keine Wahrheitsbedingung, die es uns ermöglichte zu entscheiden, ob ein Gegenstand, der in einer anderen möglichen Welt (oder eine Million (Licht-)Jahre entfernt) existiert, eine Zitrone ist. (Im übrigen glaube ich, daß diese Charakterisierung bei aller Zirkularität nicht einmal *zutreffend* ist, auch nicht als hinreichende Bedingung. Man könnte, glaube ich, Fälle erfinden, in denen etwas keine Zitrone ist und trotzdem wie eine Zitrone aussieht, sich mit Zitronen kreuzen läßt, etc.)

Noch ein Versuch, die Maschinenzitrone (Zitronenmaschine?), die auf einem Maschinenbaum (einer Baummaschine?) ‚wächst‘, auszuschalten, bestünde im Hinweis darauf, daß dieses ‚Wachsen‘ kein echtes Wachsen sei. Stimmt – aber doch nur, weil „wachsen“ ein natürliches Prädikat ist, wofür genau das gilt, was wir nun schon dauernd bereden.

Ein weiteres vermeidbares Mißverständnis wäre es, aus der hier entwickelten Analyse zu folgern, daß die Elemente der Extension eines natürlichen Prädikates eine gemeinsame verborgene Struktur haben müßten. Es könnte sich herausgestellt haben, daß den Flüssigkeitsportionen, die wir Wasser nennen, *keine* wichtigen physikalischen Eigenschaften außer den oberflächlichen gemeinsam sind. In diesem Fall hätte die notwendige und hinreichende Bedingung für „Wasser" darin bestanden, hinreichend viele der oberflächlichen Merkmale zu besitzen.

Übrigens folgt aus der letzten Aussage nicht, daß es möglich wäre, daß Wasser keine verborgene Struktur hat (etwas anderes als H_2O ist). Wenn wir sagen, es könnte sich *herausgestellt* haben, daß Wasser keine verborgene Struktur hat, so meinen wir damit, daß eine Flüssigkeit ohne verborgene Struktur (d.h. viele Portionen verschiedener Flüssigkeiten, denen nichts außer den oberflächlichen Merkmalen gemein ist) wie Wasser ausgesehen und geschmeckt, die Seen gefüllt haben könnte, etc.; kurz, daß wir uns bezüglich einer Flüssigkeit ohne verborgener Struktur in derselben epistemischen Situation hätten befinden können, in der wir uns einmal bezüglich Wasser befunden haben.[18]

In der Tat gibt es fast ein ganzes Kontinuum von Möglichkeiten. Bei einigen Krankheiten hat sich herausgestellt, daß sie keine verborgene Struktur haben (d.h. bei den Erkrankten findet sich jeweils nur ein Syndrom). Bei anderen (z.B. bei Tuberkulose) zeigte sich eine gemeinsame verborgene Struktur im Sinne einer Ätiologie. Und bei wieder anderen tappen wir noch im Dunkeln; bezüglich der multiplen Sklerose etwa ist noch ein heißer Disput im Gange.

Ein hübscher Fall ist der der Jade. Obwohl es den Chinesen nicht aufgefallen ist, steht der Ausdruck „Jade" für zwei Mineralien: Jadeit und Nephrit. Chemisch gesehen, gibt es da einen deutlichen Unterschied. Jadeit ist eine Verbindung aus Aluminium und Natrium; Nephrit besteht aus Kalzium, Magnesium und Eisen. Diese zwei völlig verschiedenen Mikrostrukturen erzeugen die gleichen, charakteristischen Materialeigenschaften!

Um kurz die Zwerde wieder aufzusuchen: Wenn auf der Erde H_2O und *XYZ* gleich verbreitet wäre, so ähnelte unsere Situation dem Jadeit-Nephrit-Fall; es wäre dann korrekt zu sagen, es gäbe *zwei Sorten von Wasser*. Und statt „das Zeug auf der Zwerde ist nicht wirklich Wasser" müßten wir sagen „es ist die *XYZ-Sorte von Wasser*".

Zusammenfassend läßt sich also sagen: Wenn es eine verborgene Struktur gibt, so bestimmt sie im allgemeinen, was zur natürlichen

[18] Vgl. dazu, was Kripke (1972b), S. 314 und S. 332f., über den ‚aus Eis bestehenden Tisch' sagt.

Art gehört, und zwar nicht nur in der wirklichen Welt, sondern in allen möglichen Welten. Anders ausgedrückt: Sie bestimmt, was wir bezüglich der natürlichen Art kontrafaktisch annehmen dürfen. (Hätte Wasser nur in Form von Dampf vorkommen können? Ja. Hätte Wasser in Form von *XYZ* vorkommen können? Nein.) Aber es könnte auch sein, daß das hiesige Wasser zum Beispiel zwei oder noch mehr verborgene Strukturen hat, oder gar so viele, daß die Frage nach der verborgenen Struktur uninteressant wird und die oberflächlichen Eigenschaften zu den entscheidenden aufrücken.

Andere Wörter

Bislang haben wir nur natürliche Prädikate als Beispiele herangezogen; aber unsere Ausführungen gelten genauso für viele andere Arten von Wörtern, für die weit überwiegende Zahl von Substantiven gleicherweise wie für andere Wendungen.

Verweilen wir kurz bei Namen für Artefakte, bei Wörtern wie „Bleistift", „Stuhl", „Teller" etc. Nach der herkömmlichen Meinung sind diese Wörter ganz gewiß durch Konjunktionen oder möglicherweise auch Bündel von Eigenschaften definiert; was alle in der Konjunktion aufgeführten Eigenschaften (bzw. hinreichend viele der im Bündel angegebenen) hat, muß dann ein Bleistift, Stuhl, Teller etc. sein. Außerdem sind, so die allgemeine Meinung, (nach der Bündelthese) einige Eigenschaften aus dem Bündel *notwendig* (während nach der These von der Konjunktion von Eigenschaften *alle* in der Konjunktion enthaltenen Eigenschaften notwendig sind). So wird angenommen, daß die Eigenschaft, ein Artefakt zu sein, notwendig sei, ebenso die, einem gewissen Standardzweck zu dienen; z.B. werden „Bleistifte sind Artefakte" und „Bleistifte sind normalerweise zum Schreiben da" für notwendig gehalten. Schließlich besteht die Meinung, daß es sich bei dieser Sorte von Notwendigkeit um *epistemische* Notwendigkeit und sogar um Analytizität drehe.

Bemühen wir noch einmal die Science-fiction, diesmal mit einem Beispiel, das sich Rogers Albritton ausgedacht hat. Man imaginiere, wir entdeckten eines Tages, daß *Bleistifte Lebewesen sind.* Wir sezieren sie, betrachten sie unter dem Elektronenmikroskop und erblicken ein nahezu unsichtbares Gespinst aus Nerven und anderen Organen.

Wir spionieren ihnen bis zu ihren Laichplätzen nach und sehen, wie sie Eier legen und wie diese zu ausgewachsenen Bleistiften heranreifen. Wir müssen feststellen, daß diese Lebewesen nicht andere (künstlich hergestellte) Bleistifte imitieren; außer diesen Lebewesen gab und gibt es keine Bleistifte. Gewiß, es mutet absonderlich an, daß viele dieser Lebewesen *Aufschriften* tragen – z.B. A. W. FABER-*CASTELL* 9000 HB –, aber wer weiß, womöglich ist das Camouflage, womöglich sind's intelligente Lebewesen. (Es gilt auch zu erklären, wieso niemand es je unternommen hat, Bleistifte zu fabrizieren, und so weiter; doch in einem gewissen Sinn ist das eindeutig eine mögliche Welt.)

Wenn das denkbar ist – und das ist es, darin schließe ich mich Albritton an –, dann ist es epistemisch möglich, daß sich *Bleistifte als Lebewesen entpuppen*. Daraus folgt, daß die Aussage „Bleistifte sind Artefakte" nicht epistemisch notwendig im striktesten Sinne und a fortiori nicht analytisch ist.

Doch seien wir vorsichtig. Haben wir demonstriert, daß es eine mögliche Welt gibt, in der Bleistifte Lebewesen sind? Ich glaube nicht. Vielmehr haben wir gezeigt, daß es eine mögliche Welt gibt, in der gewisse Lebewesen die, wie Kripke sich ausdrückt, *epistemischen Gegenstücke* zu Bleistiften sind. Behelfen wir uns wieder mit zwirdischen Mitteln: Stellen wir uns vor, die irdischen Bleistifte sind das, wofür wir sie immer gehalten haben, zum Schreiben bestimmte Artefakte, während die zwirdischen ‚Bleistifte' Albrittonsche Lebewesen seien. Nehmen wir weiter an, daß die Zwerdlinge nicht im Leben dergleichen vermuteten, daß sie über ‚Bleistifte' genau dieselben Überzeugungen haben wie wir über Bleistifte. Wenn uns all das zur Kenntnis gelänge, so würden wir nicht sagen: „Einige Bleistifte sind Lebewesen." Viel eher würden wir sagen: „Die Dinge auf der Zwerde, die dort für Bleistifte gehalten werden, sind gar keine Bleistifte. In Wirklichkeit sind sie eine Gattung von Lebewesen."

Nehmen wir aber stattdessen an, es herrschten auf der Erde wie der Zwerde Albrittonsche Verhältnisse. Dann würden wir sagen: „Bleistifte sind Lebewesen." Ob die ‚Bleistiftlinge' auf der Zwerde (oder aus einem anderen möglichen Weltall) wirklich Bleistifte sind oder nicht, hängt also davon ab, ob die *hiesigen* Bleistifte Lebewesen sind oder nicht. Wen die hiesigen Bleistifte das sind, wofür wir sie immer gehalten haben, dann ist eine mögliche Welt, in der es Bleistiftlinge gibt, *keine*, in der *Bleistifte Lebewesen sind;* in diesem Fall (und er allein trifft zu, da lassen wir uns nicht irremachen) gibt es *keine* mögliche Welt, in der Bleistifte Lebewesen sind. Daß Bleistifte Artefakte sind, ist in allen möglichen Welten wahr, d.h. notwendig, metaphysisch notwendig. Doch folgt daraus nicht, daß es epistemisch notwendig ist.

Aus all dem ergibt sich, daß „Bleistift" mit keiner Beschreibung synonym, nicht einmal mit einer *ungefähren* Beschreibung ungefähr synonym ist. Mit dem Wort „Bleistift" wollen wir all das bezeichnen, was dieselbe *Natur* hat wie die normalen Exemplare hiesiger Bleistifte in der wirklichen Welt. „Bleistift" ist ebenso *indexikalisch* wie „Wasser" oder „Gold".

In gewisser Weise ist die Geschichte von den Bleistiften, die sich als Lebewesen entpuppen, komplementär zu der von mir vor Jahren diskutierten[19] Geschichte von den Katzen, die sich als (vom Mars aus ferngesteuerte) Roboter entpuppen. Katz (1975), S. 87 ff., führt aus, daß wir die Geschichte mißdeutet hätten; die richtige Beschreibung des Falles wäre dahin gegangen, daß *sich herausgestellt hätte, daß es in dieser Welt keine Katzen gibt.* Katz gibt zu, daß wir *sagen* könnten: „Es hat sich herausgestellt, daß Katzen keine Tiere, sondern Roboter sind." Doch sei dies, so legt er dar, ein semantisch abweichender Satz; richtig lautete er: „Es hat sich herausgestellt, daß die Dinge, die ich als ‚Katzen' bezeichne, keine Tiere, sondern Roboter sind." Doch Katzs Katzentheorie ist für die Katz. Erst einmal ist festzuhalten, *daß* die Erklärung dafür, wie es kommt, daß wir *sagen* können: „Katzen sind Roboter", einfach eine Allround-Erklärung dafür ist, wie wir überhaupt etwas sagen können. Wichtiger ist freilich, daß Katz zufolge im beschriebenen Falle

„Katzen sind Roboter"

abweichend und

„es gibt in dieser Welt keine Katzen"

nicht abweichend, sondern normal sei. Nun, ich bestreite nicht, daß es einen Fall gibt, in dem

„es gibt in dieser Welt keine Katzen
(und es hat nie welche gegeben)"

[19] Siehe mein „It Ain't Necessarily So", *The Journal of Philosophy* 59 (1962) 658–671, wiederabgedruckt in Putnam (1975a), Kap. 15.

normal wäre: Wir könnten (im Sinne epistemischer Möglichkeit) merken, daß wir einem kollektiven Wahne erlegen sind (daß es sich mit Katzen wie mit rosa Elefanten verhielte). Aber im von mir beschriebenen Fall ist

„es hat sich herausgestellt, daß Katzen vom Mars aus ferngesteuerte Roboter sind"

sicherlich nicht abweichend und

„es gibt in dieser Welt keine Katzen"

sehr abweichend.

Katzs Auffassung ist übrigens nicht nur als Beitrag zur Linguistik, sondern auch als rationale Rekonstruktion verfehlt. Natürlich gebrauchen wir „Katze" nicht synonym mit einer Beschreibung, weil wir genügend über Katzen wissen, um zu wissen, daß sie eine verborgene Struktur haben; und es entspricht solider wissenschaftlicher Methodologie, mit dem Namen starr das zu bezeichnen, was diese verborgene Struktur hat, und nicht das, was einer gewissen Beschreibung genügt. Freilich, wenn wir die verborgene Strukture *kennten,* so könnten wir *damit* eine Beschreibung formulieren; aber so weit sind wir nicht. So besehen, spiegelt sich in unserem Gebrauch natürlicher Prädikate eine wichtige Tatsache über unsere Beziehung zur Welt wider: Wir wissen, daß es Arten von Dingen mit gemeinsamer verborgener Struktur gibt; aber unser Wissen reicht noch nicht dazu hin, all diese verborgenen Strukturen zu beschreiben.

Bezüglich der Bleistifte ist Katzs Standpunkt jedoch plausibler als bezüglich der Katzen. Wir glauben, daß wir eine notwendige und hinreichende Bedingung dafür, ein Bleistift zu sein, *kennen,* wenn auch nur eine vage. Das gestattet, „Bleistift" als synonym mit einer ungefähren Beschreibung aufzufassen. Im imaginierten Fall stehen uns zwei Möglichkeiten offen: entweder zu sagen, Bleistifte hätten sich als Lebewesen entpuppt, oder zu sagen, es gäbe in dieser Welt keine Bleistifte. Das heißt, wir können „Bleistift" entweder als ein natürliches Prädikat oder als ein monokriteriales Wort verwenden.[20]

[20] Monokriteriale Wörter und eine auf ihnen basierende Theorie der Analytizität habe ich in „The Analytic and the Synthetic", in: H. Feigl, G. Maxwell (eds.), *Minnesota Studies in the Philosophy of Science,* Bd. III, Minneapolis

Allerdings mag füglich bezweifelt werden, daß es in der natürlichen Sprache überhaupt echt monokriteriale Wörter gibt, außer wo es explizit so festgesetzt wird. Könnte es sich nicht herausstellen, daß die Otorhinolaryngologen keine Ärzte, sondern vom Mars eingeschleuste Spione sind? Sag ja, und schon fährt die Synonymie von „Otorhinolaryngologe“ und „Facharzt für Hals, Nase und Ohren“ dahin. Wörter, die monokriterial eingeführt sind, scheinen eine starke Tendenz zu haben, sich einen Sinn, in dem sie ein natürliches Prädikat sind, und die damit verbundene Starrheit und Indexikalität zuzulegen. Bei Namen für Artefakte scheint dieser Sinn der vorherrschende zu sein.

(Es gibt da einen Irrenwitz, wo einer gerade aus der Irrenanstalt entlassen werden soll. Er wurde von den Ärzten auf Herz und Nieren geprüft und hat dabei einen geistig völlig gesunden Eindruck gemacht. So wollen sie ihn entlassen, und wie er geht, erkundigt sich einer der Ärzte noch beiläufig: „Was wollen Sie denn draußen werden?“ – „Ein Teekessel.“ – Der Witz wäre unverständlich, wenn es buchstäblich unvorstellbar wäre, daß eine Person ein Teekessel sein könnte.)

Es gibt freilich Wörter, die einen nahezu reinen monokriterialen Charakter beibehalten. Dies sind Wörter, die ihre Bedeutung von einer Transformation herleiten; z.B. ist „Jäger“ synonym mit „einer, der jagt“.

Doch trifft die hier gegebene Darstellung nicht nur auf die meisten Substantive zu, sondern auch auf andere Ausdrücke und Wendungen. Verben wie „wachsen“, Adjektive wie „rot“ etc. haben durchweg indexikalischen Charakter. Allerdings scheinen einige synkategorematische Wörter eher monokriterial zu sein. Zum Beispiel läßt sich „ganz“ so erläutern: „Das Heer umzingelte das Gehöft“ kann auch dann wahr sein, wenn die erste Kompanie nicht mitgemacht hat. „Das ganze Heer umzingelte das Gehöft“ bedeutet dagegen, daß jeder Heeresteil (der relevanten Sorte, z.B. die erste Kompanie) bei dem vom Verb ausgedrückten Manöver zugegen war.[21]

1962, S. 358–397, wiederabgedruckt in Putnam (1975b), Kap. 2, diskutiert. („Monokriteriales Wort“ ist dabei eine Übersetzung von „one-criterion word“, wiederum eine Erfindung Putnams – Zusatz d. Übers.)

[21] Dieses Beispiel ist der Analyse von Kroch (1974) entnommen.

Wo stehen wir mittlerweile bezüglich des Bedeutungsbegriffs? Bisher haben wir erkannt, daß die Extension eines Ausdrucks nicht durch einen Begriff festgelegt ist, den der einzelne Sprecher im Kopf hat, und zwar aus zwei Gründen: Zum einen ist die Extension im allgemeinen *sozial* bestimmt, sprachliche Arbeit wird ebenso geteilt wie handfeste Arbeit; und zum andern ist die Extension, partiell wenigstens, *indexikalisch* bestimmt. Die Extension unserer Ausdrücke hängt von der wirklichen Natur derjenigen Dinge ab, die als Paradigmen[22] dienen, und diese wirkliche Natur ist dem Sprecher im allgemeinen nicht zur Gänze bekannt. Traditionelle Semantik vernachlässigt bloß zwei Mitbestimmer der Extension – die Gesellschaft und die wirkliche Welt!

Ganz am Anfang haben wir festgestellt, daß sich Bedeutung nicht mit Extension gleichsetzen läßt. Doch läßt sich Bedeutung auch nicht mit Intension gleichsetzen, wenn Intension so etwas wie ein *Begriff* eines einzelnen Sprechers ist. Was also tun?

Zwei Möglichkeiten bieten sich an. Eine Möglichkeit wäre, die Gleichsetzung von Bedeutung und Begriff beizubehalten und wohl oder übel preiszugeben, daß Bedeutung Extension bestimmt. Wenn wir diese Möglichkeit wählten, so könnten wir sagen, daß „Wasser" auf der Erde und der Zwerde gleiche *Bedeutung,* aber verschiedene *Extension* habe. (Das heißt, nicht nur eine verschiedene *lokale* – sprich: globale –, sondern auch eine verschiedene *globale* – sprich: universale – Extension. Das zwirdische *XYZ* gehört nicht zur Extension meiner Äußerungen von „Wasser", aber zur Extension der Äußerungen von „Wasser" seitens meines Zwoppelgängers, und zwar nicht deswegen, weil die Zwerde von mir so weit weg ist, sondern weil H_2O-Moleküle zur Extension meiner Äußerungen von „Wasser" gehören, wie weit weg von mir sie raumzeitlich auch sein mögen. Auch kann ich von Wasser nicht das Gleiche kontrafaktisch annehmen, was mein Zwoppelgänger von ‚Wasser' kontrafaktisch annehmen kann.)

Diese Möglichkeit ist bei *absolut* indexikalischen Wörtern wie „ich" die angebrachte, nicht aber bei Wörtern, wie wir sie diskutiert haben. Ziehen wir wieder einmal „Ulme" und „Buche" heran. Wenn diese Wörter auf der Zwerde vertauscht gebraucht würden, so würden wir

[22] Ich denke dabei nicht an Flews Paradigmenbegriff, nach dem jedes Paradigma für *F*s notwendig ein *F* ist (und der sich z.B. in Flew (1956) findet – Zusatz d. Übers.).

bestimmt *nicht* sagen, „Ulme" habe auf der Erde und der Zwerde die gleiche Bedeutung, selbst wenn meines Zwoppelgängers Buchen- bzw. (in seinem Sprachgebrauch) ‚Ulmen'-Stereotyp mit meinem Ulmen-Stereotyp identisch ist. Vielmehr würden wir sagen, daß „Ulme" im Idiolekt meines Zwoppelgängers soviel wie „Buche" bedeute.

Deshalb scheint es sinnvoller zu sein, die zweite Möglichkeit zu wählen und Bedeutung mit einem geordneten Paar (oder womöglich einem geordneten *n*-Tupel) von Entitäten zu identifizieren, wobei *die Extension eine dieser Entitäten ist.* (Die anderen Komponenten des, wie man sagen könnte, ‚Bedeutungsvektors' seien später noch angegeben.) Bei diesem Vorgehen ist trivialerweise gesichert, daß *Bedeutung Extension bestimmt* (das heißt, verschiedene Extensionen gehören ipso facto zu verschiedenen Bedeutungen); völlig preiszugeben ist hingegen die Vorstellung, daß zu einem Unterschied in der Bedeutung eines Wortes in meinem und meines Zwoppelgängers Idiolekt ein Unterschied in unseren Begriffen (oder in unseren psychischen Zuständen) zu finden sein *müsse.* Wir können dann sagen, daß ich und mein Zwoppelgänger mit „Ulme" *Verschiedenes meinen;* doch ist das keine Aussage über unsere psychischen Zustände. Es heißt lediglich, daß „Ulme" von ihm geäußert eine andere Extension hat als von mir geäußert; aber diese Extensionsverschiedenheit ist nicht Ausfluß irgendeines Unterschiedes in unserer individuellen Sprachkompetenz, jeweils für sich betrachtet.

Wenn das alles stimmt – und ich bin davon überzeugt –, dann teilt sich das traditionelle Bedeutungsproblem in zweie. Das eine Problem ist, *wie sich Extension bestimmt.* Da Extension häufig nicht individuell, sondern sozial in sprachlicher Arbeitsteilung bestimmt ist, gehört dieses Problem, glaube ich, eigentlich zur Soziolinguistik. Zu seiner Lösung müßte man detailliert beschreiben, wid die sprachliche Arbeitsteilung funktioniert. Einschlägig ist hier die sogenannte kausale Referenztheorie, die Kripke für Eigennamen entwickelt hat und die von mir für natürliche Prädikate und physikalische Größen fortgeführt worden ist.[23] Nach dieser ordnen wir in vielen Situationen einem von mir geäußerten Namen das als Designat zu, was wir diesem Namen als Designat zuordnen, wenn er von der Person geäußert wird, von der

[23] Siehe Kripke (1972a, b) und mein „Explanation and Reference" (vgl. Fußnote 9, S. 40).

ich diesen Namen übernommen habe (so daß die Referenz von einem Sprecher zum anderen weitergereicht wird und dabei von jenen Sprechern ihren Ausgang nimmt, die an der ‚Namengebungszeremonie' teilgenommen haben, – und das, ohne daß dabei eine bestimmte *Beschreibung* weitergereicht würde); und dieser Prozeß ist ja einfach ein spezieller Fall sozialer Kooperation zur Bestimmung der Referenz.

Das andere Problem besteht darin, die *individuelle Kompetenz* zu beschreiben. Extension mag zwar häufig sozial bestimmt sein, doch ordnen wir Johanns Äußerungen des Wortes *W* nicht einfach die normale Extension zu *ohne Rücksicht* darauf, wie Johann *W* gebraucht. Johann muß in Bezug auf *W* ganz bestimmte Vorstellungen und Fähigkeiten besitzen, um bei der sprachlichen Arbeitsteilung seinen Part spielen zu können. Wo wir nun den Gedanken begraben haben, individuelle Kompetenz sei so tüchtig, daß sie gar die Extension bestimmt, können wir sie unbefangenen Geistes von neuem untersuchen.

In diesem Zusammenhang ist es eine lehrreiche Beobachtung, daß sich Substantive wie „Tiger" oder „Wasser" ganz anders verhalten als Eigennamen. Man kann den Eigennamen „Sanders" korrekt verwenden, ohne irgendetwas über das Designat zu wissen, außer daß es „Sanders" heißt; und selbst das kann noch falsch sein. („Vor langen, langen Zeiten, ungefähr am vorigen Freitag, wohnte Winnie-der-Pu unter dem Namen Sanders ganz allein in einem Wald.") Aber das Wort „Tiger" kann man, außer mit Glück, nicht korrekt verwenden, ohne eine ganze Menge über Tiger zu wissen, oder zumindest über einen bestimmten Begriff von Tigern. In diesem Sinne haben Begriffe sehr viel mit Bedeutung zu tun.

So wie das erste Problem der Soziolinguistik zugerechnet gehört, gehört das zweite Problem der Psycholinguistik zugerechnet. Widmen wir uns ihm nun ausführlicher.

Stereotypen und Kommunikation

Nehmen wir an, ein Sprecher wisse über die Extension von „Tiger" nichts weiter, als daß sie aus materiellen Gegenständen besteht. Ist seine linguistische Kompetenz ansonsten normal, so könnte er in einigen Sätzen „Tiger" verwenden: z.B. in „Tiger haben Masse", „Tiger nehmen Raum ein", „Gib mir einen Tiger!", „Ist das ein Tiger?", etc.

Außerdem wäre die *sozial bestimmte* Extension des Wortes „Tiger“, wie es in diesen Sätzen vorkommt, gerade die übliche, nämlich die Menge aller Tiger. Dennoch würden wir diesen Spracher nicht zu denen zählen, die die Bedeutung von „Tiger“ kennen. Warum nicht?

Versuchen wir diese Frage zu beantworten, indem wir sie erst einmal ein wenig umformulieren. Wir sagen von jemandem, er habe das Wort „Tiger“ *erworben,* wenn er es in einer Weise zu gebrauchen vermag, daß (1) sein Gebrauch anerkannt wird (d.h. die Leute sagen ihm nicht nach, er wisse nicht, was ein Tiger ist, er kenne die Bedeutung von „Tiger“ nicht, und dergleichen mehr) und (2) seine Stellung in der Welt und in seiner Sprachgemeinschaft insgesamt so ist, daß die sozial bestimmte Extension des Wortes „Tiger“ in seinem Idiolekt die Menge aller Tiger ist. Die Bedingung (1) besagt ungefähr, daß ein Sprecher wie der im letzten Absatz angenommene nicht zu denen zählt, die das Wort „Tiger“ erworben haben. Wir könnten von ihm, in bestimmten Fällen jedenfalls, sagen, er habe das Wort *teilweise erworben;* aber verschieben wir das für den Augenblick. Die Bedingung (2) bedeutet, daß die Sprecher auf der Zwerde, die ja dieselben Sprachgebräuche wie wir pflegen, nur dann zu denen, die „Tiger“ erworben haben, zählen, wenn die Extension von „Tiger“ im zwirdischen Dialekt die Menge aller Tiger ist; die Natur der zwirdischen ‚Tiger‘ ist eben auch noch relevant. (Wenn z.B. Silizium der Grundstoff zwirdischer Organismen ist, so sind ihre ‚Tiger‘ nicht wirklich Tiger, auch wenn sie so aussehen und obwohl das Sprachverhalten zwirdischer Sprecher dem unseren exakt entspricht.) Die Bedingung (2) schließt also die Entscheidung ein, daß die zwirdischen Sprecher in diesem Fall unser Wort „Tiger“ nicht erworben haben (wenngleich sie ein Wort erworben haben, das sich genauso schreibt und ausspricht).

So vom Erwerb eines Wortes zu reden, hat den folgenden Grund: Im Verfolg der Frage: „Kennt er die Bedeutung des Wortes ‚Tiger‘?“, wollen wir den Erwerb eines Wortes ja so verstehen, daß man damit in Besitz eines Dinges gelangt, das seine Bedeutung heißt. In diesem Ding einen Begriff zu sehen, wäre ein böser Rückfall; dann genügte es für den Erwerb eines Wortes, es mit dem richtigen Begriff zu verknüpfen (oder, allgemeiner, sich ihm gegenüber im richtigen psychischen Zustand zu befinden), wogegen wir nun doch die ganze Zeit angekämpft haben. Hinfort werden wir also Wörter ‚erwerben‘ statt ‚ihre Bedeutung zu lernen‘.

Nun können wir die Ausgangsfrage dieses Abschnitts umformulieren. Der Sprachgebrauch des von uns beschriebenen Sprechers wird nicht anerkannt, obwohl er uns in keiner Weise dazu veranlaßt, dem Wort „Tiger“ in seinem Idiolekt nicht die normale Extension zuzuordnen. Warum wird er nicht anerkannt?

Nehmen wir an, unser Sprecher zeigte auf einen Schneeball und fragte: „Ist das ein Tiger?“ Offensichtlich hat es dann keinen rechten Sinn, sich mit *ihm* über Tiger zu unterhalten. Um sinnvoll miteinander zu kommunizieren, müssen die Leute einiges darüber wissen, wovon sie reden. Gewiß, wir hören tagein, tagaus Leute ‚kommunizieren‘, die offensichtlich nichts von der Sache verstehen, von der sie reden. Aber der Mann, der da auf einen Schneeball zeigt und fragt: „Ist das ein Tiger?“, beweist damit eine so hochgradige Ignoranz, daß es einen schon verdattert – jedenfalls eine ungleich größere Ignoranz als die, die behaupten, Bayern München würde deutscher Fußballmeister werden oder der Vietnamkrieg sei geführt worden, um den Südvietnamesen beizustehen. Dem Gebrechen der Leute, die glauben, Bayern München werde deutscher Fußballmeister oder der Vietnamkrieg sei geführt worden, um den Südvietnamesen beizustehen, kann offensichtlich nicht durch die Aneignung sprachlicher Konventionen abgeholfen werden; aber im andern, ungleich größeren Maße nicht zu wissen, wovon man redet, läßt sich durch unsere Sprachkonventionen verhindern und wird von ihnen auch tatsächlich im großen und ganzen verhindert. Meine These ist, daß von einem Sprecher *verlangt* wird, etwas über Tiger, Ulmen etc. (oder jedenfalls über das jeweilige Stereotyp) zu wissen, damit man ihm zugestehen kann, er habe „Tiger“, „Ulme“ etc. erworben.

Dieser Gedanke dürfte eigentlich nicht sonderlich überraschen. Schließlich lassen wir Leute nicht auf den Straßen herumfahren, ohne daß sie zuvor in einer Prüfung erfolgreich ein *Mindestmaß* an Kompetenz nachgewiesen haben; und wir speisen nicht mit Leuten, die nicht gelernt haben, mit Messer und Gabel umzugehen. Die Sprachgemeinschaft hat auch ihre Mindestanforderungen in syntaktischer wie in semantischer Hinsicht.

Wie hoch das erforderliche Mindestmaß an Kompetenz ist, hängt jedoch entscheidend von der Kultur wie vom Gegenstand ab. In unserem Kulturkreis wird von einem Sprecher verlangt, daß er weiß, wie Tiger aussehen (wenn er das Wort „Tiger“ erwerben will, was nachgerade obligatorisch ist); es wird nicht verlangt, daß er im Detail das Aussehen von Ulmen (z.B. die Form ihrer Blätter) kennt. *Die deutsche Sprachgemeinschaft verlangt von ihren Sprechern,* daß sie Tiger und Leoparden auseinanderhalten können; sie verlangt nicht, daß sie Ulmen und Buchen auseinanderhalten können.

Das muß keineswegs so sein. Man stelle sich etwa einen Indianerstamm vor, den Stamm der Tscherokoki, wie wir ihn nennen wollen; die Tscherokoki haben ein Wort für Ulmen, „uhaba'", und eines für Buchen, „wa'arabi", und es ist bei ihnen obligatorisch, den Unterschied dazwischen zu kennen. Von einem Tscherokoki, der Ulmen nicht als solche zu erkennen vermag, würde gesagt werden, er wisse nicht, was ein uhaba' ist, oder er kenne die Bedeutung des Wortes „uhaba'" nicht (oder vielleicht auch, er kenne oder habe das Wort nicht) – ebenso wie man von einem Deutschsprechenden, dem es völlig neu ist, daß Tiger gestreift sind, sagen würde, er wisse nicht, was ein Tiger ist, oder er kenne die Bedeutung des Wortes „Tiger" nicht (wenn er immerhin wüßte, daß Tiger große Katzen sind, so würden wir ihm vielleicht zugestehen, daß er einen Teil der Bedeutung oder die Bedeutung teilweise kenne). Unter diesen Annahmen wäre es von unserem Standpunkt aus nur annähernd korrekt, „uhaba'" mit „Ulme" und „wa'arabi" mit „Buche" zu übersetzen. In diesem Sinne gibt es eine reale Schwierigkeit bei der Erstübersetzung[24]; aber das ist nicht die abstrakte Schwierigkeit, von der Quine spricht.[25]

Was Stereotypen sind

Den Begriff „Stereotyp" habe ich in meinen Vorlesungen an der University of Washington and am Minnesota Center for the Philosophy of Science im Jahre 1968 eingeführt. Im danach veröffentlichten „Is semantics possible?"[26] habe ich den Gedanken weiterverfolgt; hier

[24] Dieser Ausdruck (im Englischen „radical translation" – Zusatz d. Übers.) stammt von Quine (1960); er bezeichnet eine Übersetzung, der keinerlei kulturelle oder sprachliche Verwandtschaft unter die Arme greift.

[25] Für eine Diskussion der angeblichen Möglichkeit mehrerer korrekter Erstübersetzungen siehe mein „The Refutation of Conventionalism", in: M. Munitz (ed.), *Semantics and Meaning*, New York 1975, wiederabgedruckt in Putnam (1975b), Kap. 9.

[26] In: H. Kiefer, M. Munitz (eds.), *Languages, Belief and Metaphysics,* New York 1970, wiederabgedruckt in Putnam (1975b), Kap. 8.

möchte ich nun auf diesen Begriff wieder zurückkommen und einige ihn betreffende Anfragen beantworten.

Im üblichen Sprachgebrauch ist ein Stereotyp eine konventional verwurzelte (häufig übelmeinende und möglicherweise völlig aus der Luft gegriffene) Meinung darüber, wie ein *X* aussehe oder was es tue oder sei. Offenkundig beziehe ich mich auf einige Merkmale des üblichen Sprachgebrauchs. Ich bin nicht mit übelmeinenden Stereotypen befaßt (es sei denn, die Sprache selbst ist übelmeinend); aber es geht mir um konventionale und möglicherweise unzutreffende Meinungen. Ich glaube, daß gerade solche konventional verwurzelte Meinungen mit „Tiger", mit „Gold" etc. verknüpft sind, und außerdem, daß das alles ist, was es mit Begriffen auf sich hat.

Nach dieser Auffassung wird von jemandem, der weiß, was „Tiger" bedeutet (oder der, wie wir uns entschlossen haben zu sagen, das Wort „Tiger" erworben hat), *verlangt* zu wissen, daß *stereotypische* Tiger gestreift sind. Genauer: Es gibt *ein* Tiger-Stereotyp (er mag noch andere haben), das die Sprachgemeinschaft als solches voraussetzt; es wird von ihm verlangt, daß er dieses Stereotyp hat und daß er im Prinzip weiß, daß diese Kenntnis obligatorisch ist. Und dieses Stereotyp muß das Merkmal des Gestreiftseins umfassen, wenn ihm der Erwerb des Wortes „Tiger" bescheinigt werden soll.

Daß ein Merkmal (z.B. das Gestreiftsein) in dem mit einem Wort *X* verknüpften Stereotyp enthalten ist, heißt nicht, daß es eine analytische Wahrheit wäre, daß alle *X*s oder auch nur die meisten *X*s oder auch nur alle normalen *X*s oder auch nur überhaupt irgendwelche *X*s dieses Merkmal aufweisen.[27] Dreibeinige oder albinotische Tiger sind keine logisch unmöglichen Entitäten. Die Entdeckung, daß unser Stereotyp sich auf nicht normale oder nicht repräsentative Elemente einer natürlichen Art berufen hat, ist nicht die Entdeckung eines logischen Widerspruchs. Verlören Tiger ihre Streifen, so verlören sie damit nicht ihre Tigerkeit, und Schmetterlinge ohne Flügel wären immer noch Schmetterlinge.

(Genau genommen ist die Sachlage doch komplizierter. Es ist möglich, das Wort „Schmetterling" so aufzufassen, daß Schmetterlinge, die, etwa durch Mutation, ihre Flügel verlören, keine Schmetterlinge mehr wären. Das heißt, in einem möglichen Sinn von „Schmetterling"

[27] Diese führe ich in dem in er letzten Fußnote erwähnten Aufsatz aus.

ist es analytisch, daß Schmetterlinge Flügel haben. Aber dem wichtigsten Sinne dieses Wortes nach wären, glaube ich, flügellose Schmetterlinge immer noch Schmetterlinge.)

Vielleicht frägt sich der Leser nun, inwiefern es der Sprachgemeinschaft von Nutzen ist, Stereotypen zu haben, wenn die in den Stereotypen enthaltene ‚Information' nicht unbedingt richtig ist. Aber so rätselhaft ist das eigentlich nicht. Tatsächlich fangen die meisten Stereotypen Eigenschaften paradigmatischer Elemente der jeweiligen Klasse ein. Und selbst wo Stereotypen schiefliegen, verrät die Art und Weise, wie sie das tun, einiges über die Rolle, die sie normalerweise bei der Kommunikation spielen. Zum Beispiel enthält das Gold-Stereotyp die Eigenschaft, gelb zu sein, obwohl chemisch reines Gold fast weiß ist. Aber Schmuckgeld ist normalerweise gelb (wegen Beimengungen von Kupfer), so daß es für und unter Laien sogar von Vorteil ist, daß diese Eigenschaft zum Gold-Stereotyp gehört. Gravierender sind die Irrtümer des mit „Hexe" verknüpften Stereotyps, jedenfalls wenn es die Existenz von Hexen mitbehauptet. Zu glauben, daß Hexen Pakte mit dem Satan eingehen, Krankheit und Tod bringen etc. (und tatsächlich existieren), erleichtert die Kommunikation nur innerhalb der Grenzen der Hexentheorie. Es erleichtert die Kommunikation nicht in Situationen, wo es mehr auf Übereinstimmung mit der Welt als mit der Theorie anderer Sprecher ankommt. (Genau genommen, rede ich über das Stereotyp, wie es vor dreihundert Jahren in Neuengland bestanden hat; mittlerweile ist die Nicht-Existenz von Hexen selbst Teil des Hexen-Stereotyps, wodurch die verhängnisvollen Folgen der Hexentheorie aufgehoben sind.) Doch erinnert die Tatsache, daß *manche* Stereotypen unserer Sprache unseren Umgang mit der Welt eher behindern als fördern, lediglich daran, daß wir keine unfehlbaren Wesen sind; aber wie sollten wir auch? Klar ist jedenfalls, daß wir schwerlich erfolgreich miteinander kommunizieren könnten, wenn nicht die meisten unserer Stereotypen so weit ganz in Ordnung wären.

Die ‚operationale Bedeutung' von Stereotypen

Eine verzwicktere Frage ist: Inwieweit läßt sich der Begriff des Stereotyps ‚operational definieren'? Hier heißt es äußerst vorsichtig sein. Die Versuche in den Naturwissenschaften, operationale Definitionen für ihre Ausdrücke en detail auszuschreiben, sind notorisch gescheitert; und warum sollte in der Linguistik glücken, was in der Physik mißlungen ist? Manchmal erweckt Quines Argumentation gegen die Möglichkeit einer Bedeutungstheorie den Eindruck, als fordere sie lediglich operationale Definitionen in der Linguistik; soweit das der Fall ist, sollte man darüber hinweggehen. Aber es kommt oft vor, daß Ausdrücke sich zwar nicht für die wirkliche Welt, jedoch unter idealisierten Bedingungen operational definieren lassen. Diese operationalen Definitionen anzugeben, ist von heuristischem Wert; das sind Idealisierungen ja häufig. Unheil entsteht erst, wenn wir operationale Definitionen fälschlicherweise für mehr als praktische Idealisierungen halten. Wir wollen also fragen: „Was ist die operationale Bedeutung der Aussage, ein Wort sei mit dem und dem Stereotyp verknüpft?", frei von dem Glauben, die Antwort darauf gäbe eine theoretische Erklärung dessen, was ein Stereotyp *ist*.

Die theoretische Erklärung dessen, was ein Stereotyp *ist*, hätte davon auszugehen, was es heißt, daß etwas von der Sprache her *obligatorisch* ist: ein Begriff, der meines Erachtens für die Linguistik grundlegend ist, und den zu explizieren ich hier aber nicht versuchen will. Daß Gestreiftsein zum (sprachlichen) Tiger-Stereotyp gehört, heißt eben, daß es für den Erwerb von „Tiger" *obligatorisch* ist, die Information, daß stereotypische Tiger gestreift sind, zu erwerben – im selben Sinne von „obligatorisch", in dem es im Deutschen obligatorisch ist, wenn man von Löwen redet, deutlich zu machen, ob man von Löwen im Singular oder von Löwen im Plural redet. Für diese Hypothese läßt sich ohne Schwierigkeit ein idealisierter experimenteller Test ausmalen. Bringen wir dazu eine neue Person ins Spiel, den *Komplizen* des Linguisten. Der Komplize des Linguisten ist (oder er gibt das vor) ein Erwachsener, der insgesamt exzellent Deutsch beherrscht, dem aber aus irgendeinem Grunde (vielleicht ist er in einer fremden Kultur oder in einem Kloster aufgewachsen?) das Wort „Tiger" völlig unbekannt geblieben ist. Der Komplize sagt dann „Tiger" oder, besser noch, er zeigt auf dieses Wort (als ob er sich nicht ganz sicher wäre, wie es auszusprechen ist) und fragt so etwas wie: „Was bedeutet dieses Wort?" oder „Was ist das?". Sieht man einmal davon ab, was im praktischen Experiment alles schiefgeht, so impliziert unsere Hypothese, daß die befragten Testpersonen dem Komplizen normalerweise unter anderem mitteilen, daß Tiger gestreift sind.

Statt mit Komplizen zu operieren, könnte der Linguist vielleicht untersuchen, wie Kinder Deutsch lernen. Doch werden Kinder, die ihre Muttersprache lernen, sie nicht annähernd so gelehrt, wie Philosophen es sich eingebildet haben. Sie lernen sie, aber sie werden sie nicht gelehrt, wie Chomsky betont hat. Manchmal allerdings stellen Kinder solche Fragen wie: „Was ist ein Tiger?", und unsere Hypothese impliziert, daß auch in diesen Fällen die Befragten ihnen unter anderem erzählen, daß Tiger gestreift sind. Eine Schwierigkeit dabei ist, daß die Befragten meist die Eltern sind und daß man dann in der Hypothese berücksichtigen müßte, wieviel Zeit die Eltern gerade haben, wie aufmerksam und welcher Laune sie zufällig sind etc.

Es ließen sich ohne Mühe noch viele weitere ‚operationale' Implikationen unserer Hypothese angeben, aber das wäre nicht sonderlich nutzbringend. Wir sind doch alle selbst absolut kompetente Deutschsprecher mit einem verdammt guten Gefühl, was an Sprachbeherrschung für uns obligatorisch ist. Vorzugeben, wir seien bezüglich der deutschen Sprache in der Position von Marsmenschen, verhilft nicht zu methodologischer Klarheit; und schließlich blühte die Transformationsgrammatik doch erst nach dem Verzicht auf den operationalen Ansatz zu einer ordentlichen Wissenschaft auf.

Wenn mich jemand nach der Bedeutung von „Tiger" fragte, so wüßte ich nur zu gut, was ich ihm erzählte. Nämlich, daß Tiger Katzen sind, wie groß sie ungefähr sind, daß sie gelb sind und schwarze Streifen haben, daß sie wild sind und vielleicht daß sie im Dschungel leben. Je nachdem, welche Situation vorliegt und was ihn zu seiner Frage veranlaßt, würde ich vielleicht noch andere Sachen mitteilen, aber die obigen Dinge, außer vielleicht das mit dem Dschungel, würde ich als *obligatorisch* ansehen. Ich muß keine Experimente anstellen, um zu wissen, daß ich diese Mitteilungen für obligatorisch halte, und ich bin sicher, daß andere Sprecher ungefähr dasselbe für obligatorisch halten. Natürlich gibt es gewisse Schwankungen vom einen Idiolekt zum andern; die Eigenschaft des Gestreiftseins taucht in allen normalen Idiolekten auf (abgesehen von gestaltpsychologischen Feinheiten: Sind da z.B. schwarze Streifen auf gelbem Grund, wie ich es sehe, oder gelbe Streifen auf schwarzem Grund?), während es unterschiedlich beurteilt werden mag, ob die Information, (stereotypische) Tiger lebten im Dschungel, obligatorisch ist. Eine andere Möglichkeit wäre, auf Grund gewisser syntaktischer Merkmale einige im Stereotyp enthaltenen

Eigenschaften (große, gestreifte Katzen) als obligatorisch und andere als fakultativ zu betrachten. Aber diese Möglichkeit sei hier nicht weiter erörtert.

Eine Wiederaufnahme von Quines „Two Dogmas"

In „Two Dogmas of Empricism" (1951) startete Quine einen energischen und heilsamen Angriff auf die derzeit im Schwange befindliche Analytisch-Synthetisch-Unterscheidung. Diese Unterscheidung hat sich zu einem wahrhaften philosophischen Allesverschlinger ausgewachsen: Analytizität gleich Notwendigkeit gleich prinzipielle Unrevidierbarkeit gleich was immer der Philosoph jeweils wegerklären wollte. Doch schoß Quines Angriff in mancher Hinsicht übers Ziel hinaus; eine eng begrenzte Klasse analytischer Sätze läßt sich, scheint mir, aufrechterhalten.[28] Vor allem aber wurde der Angriff später von Quine selbst und auch von anderen so verstanden, als risse die Analytisch-Synthetisch-Unterscheidung in ihrem Sturz den Bedeutungsbegriff insgesamt mit sich. Zwar glaube auch ich, wie ich deutlich gemacht habe, daß für den traditionellen Bedeutungsbegriff schwerwiegende Probleme bestehen, doch ist unser Streben hier konstruktiv, nicht destruktiv; wir wollen dem Bedeutungsbegriff neues Blut geben, nicht ihn begraben. So empfiehlt es sich nachzuprüfen, was Quines Argumente gegen unseren revidierten Bedeutungsbegriff ausrichten.

Quines Argumente gegen den Analytizitätsbegriff lassen sich im wesentlichen darauf reduzieren: daß er sich am Verhalten nicht festmachen läßt. Sein Gedankengang war dabei (wiederum leicht vereinfacht), daß im Prinzip nur zwei Dinge als Verhaltensindikator für Analytizität in Frage kommen, die aber beide, wenn auch aus verschiedenen Gründen, völlig unbefriedigend sind. Der erste mögliche Indikator ist *Zentralität:* Viele moderne Philosophen nennen einen Satz analytisch, wenn eine Gemeinschaft (etwa die der Oxforder Dozenten) ihn für immun gegen Revisionen hält. Doch ist, wie Quine überzeugend dartut, maximale Immunität gegen Revisionen kein ausschließliches Privileg analytischer Sätze. Grundgesetze der Physik (z.B. der Energieerhaltungssatz) können sich durchaus maximaler Immunität gegen

[28] Siehe dazu mein „The Analytic and the Synthetic" (vgl. Fußnote 20, S. 60).

Revisionen erfreuen, obwohl es ziemlich ungewöhnlich und unplausibel ist, sie als analytisch einzustufen. Quine führt allerdings nicht bloß die Unattraktivität dessen ins Felde, alle Sätze, die wir äußerst ungern aufgeben, als analytisch einzustufen; wichtiger ist ihm, daß Immunität gegen Revisionen, wie die Geschichte der Wissenschaften zeigt, lediglich in *mehr oder minder* großem Maße vorliegt. So etwas wie *absolute* Immunität gegen Revisionen gibt es im tatsächlichen Vollzug rationaler Wissenschaft nicht. Analytizität mit Immunität gegen Revisionen gleichzusetzen, brächte also eine zwiefache, grundlegende Änderung dieses Begriffs mit sich: Sätze wären mehr oder minder analytisch, und so etwas wie absolut analytische Sätze gäbe es nicht mehr. Wenn es *das* ist, was wir im Sinne haben, so wäre das dermaßen verschieden vom klassischen Analytizitätsbegriff, wie ihn Carnap, Ayer und andere verstanden haben, daß Quine es für weniger irreführend hält, dann einen ganz neuen Begriff, z.B. *Zentralität,* dafür zu prägen.

Der zweite mögliche Indikator im Verhalten ist, *„analytisch" genannt zu werden.* In der Tat halten es einige Philosophen für das Charakteristikum eines analytischen Satzes, daß geschulte Gewährsleute (z.B. Oxforder Dozenten) ihn analytisch *nennen.* Varianten dieses Indikators sind: die Ableitbarkeit des fraglichen Satzes aus einer endlichen Menge von Sätzen, die jeweils von jemandem, der zu Carnap in der Ahnenschaftsrelation der Relation „ist Student von" steht, mit dem Wort „Bedeutungspostulat" überschrieben worden sind; oder die Erzeugbarkeit des fraglichen Satzes aus einem Theorem der Logik durch die Ersetzung einzelner Wörter durch Synonyme. Die zweite Variante schaut vielversprechend aus, doch Quine hält ihr die Frage entgegen: „Was ist das Kriterium für Synonymie?" Denkbar wäre das Kriterium, daß zwei Wörter W_1 und W_2 genau dann synonym sind, wenn das Bikonditional

> „für alle x gilt: x ist in der Extension von W_1 genau dann, wenn x in der Extension von W_2 ist"

analytisch ist; aber damit landen wir unmittelbar in einem Zirkel. Denkbar wäre auch, daß zwei Wörter W_1 und W_2 genau dann synonym sind, wenn geschulte Gewährsleute sie synonym *nennen;* doch ist das nur wieder unser zweiter Indikator in leicht veränderter Form. Ein verheißungsvoller Vorschlag ist, daß zwei Wörter W_1 und W_2 genau dann synonym sind, wenn W_1 und W_2 sich in allen Kontexten einer bestimmten geeigneten Sorte salva veritate füreinander ersetzen lassen; Quine zeigt jedoch überzeugend, daß wir auch damit in einen Zirkel geraten. Der zweite Indikator läuft also auf folgendes hinaus: Ein Satz ist analytisch, wenn entweder er selbst oder ein Ausdruck beziehungsweise eine Folge von geordneten Paaren von Ausdrücken beziehungsweise eine Menge von Ausdrücken, der beziehungsweise die zu diesem Satz in einer bestimmten Beziehung stehen, zu einer Klasse gehören, deren Elemente sich dadurch auszeichnen, daß sie von geschulten Gewährsleuten mit gewissen *Geräuschen* bedacht werden: mit ana:lytiʃ oder mit bedɔituŋspostula:t oder mit synony:m. Letztendlich bleibt „analytisch" etc. nach diesem Vorschlag ein *unexplizierten Geräusch*.

Es ist klar, auch wenn Quine es nicht ausdrücklich diskutiert, daß die Verbindung zweier ungenügender Verhaltensindikatoren auch nichts Befriedigenderes ergibt. Expliziert man einen Satz genau dann als analytisch, wenn er zentral ist *und* ana:lytiʃ genannt wird, so sagt man damit bloß, daß die analytischen Sätze eine Teilklasse der Menge der zentralen Sätze bilden, ohne auch nur im geringsten zu verraten, wodurch sich diese Teilklasse auszeichnet. Und so kommt Quine zu der Schlußfolgerung, daß Analytizität entweder mißverstandene Zentralität oder gar nichts ist.

Trotz Quines schlagkräftiger Argumentation haben viele Philosophen dem weiteren Mißbrauch des Analytizitätsbegriffs nicht entsagt und ihn dabei häufig mit einem angeblich vorhandenen höchsten Grad an Zentralität verwechselt. Vor Quines Alternative gestellt, haben sie es vorgezogen, Analytizität mit Zentralität gleichzusetzen und den Preis dafür zu zahlen: den Preis, der darin besteht, so augenscheinlich synthetische Sätze wie „der Raum ist dreidimensional" als analytisch einzustufen, und darin, trotz der eindrücklichen Gegenbilanz unbeirrt darauf zu beharren, daß es in der Wissenschaft doch so etwas wie absolute Unrevidierbarkeit gebe. Aber auch dieser Ausweg erweist sich als total blockiert, wenn man Quines Argumentation mit einer bemerkenswerten Argumentation von Reichenbach kombiniert.

Reichenbach (1965), S. 31, hat gezeigt, daß es eine *Menge* von Prinzipien gibt, die, jedes für sich genommen, Kant als synthetisch a priori angesehen hätte, die aber, zusammengenommen, mit den Prinzipien der speziellen Relativität und der allgemeinen Kovarianz (welche normale Induktion und Stetigkeit und Euklidizität des Raumes einschließen) unverträglich sind. Ein Kantianer kann, ohne inkonsistent zu werden, unter allen Umständen an der euklidischen Geometrie festhalten; doch zwingt ihn die Erfahrung dann möglicherweise dazu, die normale Induktion oder die Stetigkeit des Raumes aufzugeben. Oder er kann unter allen Umständen an der normalen Induktion und an der Stetigkeit des Raumes festhalten; nur zwingt ihn dann die Erfahrung möglicherweise dazu, die euklidische Geometrie aufzugeben (das ist dann der Fall, wenn der physikalische Raum nicht einmal zu einem euklidischen Raum homöomorph ist). In seinem Artikel in Schilpp (1951) bringt Reichenbach im wesentlichen dasselbe in etwas anderer Form vor.

Für unseren Zusammenhang bedeutet das, daß es Prinzipien gibt, die von Philosophen, die noch am abgewirtschafteten Analytizitätsbegriff hängen, und insbesondere von Philosophen, die Analytizität (mit (maximaler) Unrevidierbarkeit gleichsetzen, als analytisch eingestuft würden, deren Konjunktion aber überprüfbare empirische Konsequenzen hat. Man muß also entweder der Gleichsetzung von Analytizität mit Zentralität ein für allemal abschwören oder den Gedanken aufgeben, daß Analytizität bezüglich Konjunktionsbildung abgeschlossen ist, oder aber sich mit der unseligen Schlußfolgerung abfinden, daß ein analytischer Satz überprüfbare empirische Konsequenzen haben kann (und sich demnach auch als *empirisch falsch* erweisen kann).

Es ist übrigens kein Zufall, daß die Sätze, die Kant als synthetisch a priori eingestuft hätte, von jenen modernen Empiristen als analytisch angesehen werden; daß sie den Begriff der Analytizität so aufgebläht haben, geschah gerade in der Absicht, Kants Problem mittels Gleichsetzung von Apriorizität mit Analytizität und dann von Analytizität mit konventionaler Wahrheit zum Verschwinden zu bringen. (Diesen letzten Schritt hat Quine ebenfalls vernichtend kritisiert, aber darauf einzugehen, würde uns zu weit von unserem Thema abführen.)

Andere Philosophen hofften, Quine mit Hilfe der Unterscheidung zwischen *Sätzen* und *Aussagen* begegnen zu können: Alle *Sätze* seien revidierbar, so meinten auch sie, aber nicht alle *Aussagen*. Bei der Revision eines Satzes änderten wir nicht unbedingt unsere Meinung über die von diesem Satz zunächst ausgedrückte Aussage, nämlich dann nicht, wenn der Satz nach der Revision (d.h. das syntaktische Objekt samt seiner Bedeutung) nicht mit dem Satz vor der Revision synonym ist, wenn also die Revision eine Bedeutungsänderung und nicht eine Änderung der Theorie darstellt. Doch erstens läuft dies unmittelbar auf den Vorschlag hinaus, Analytizität mittels Synonymie zu definieren; und zweitens: Wenn Quine einen entscheidenden Beitrag zur Philosophie geleistet hat, dann ist es die Erkenntnis, daß sich Bedeutungsänderungen und Theorieänderungen nicht scharf trennen lassen. Ich glaube zwar nicht wie Quine, daß sich überhaupt nicht definieren lasse, was eine Bedeutungsänderung ist; doch folgt daraus keineswegs, daß die Dichotomie

> „es hat sich entweder etwas an der Bedeutung oder etwas an der Theorie geändert"

haltbar wäre. Die Entdeckung, daß wir in einer nicht-euklidischen Welt leben, *könnte* die Bedeutung von „Gerade" geändert haben (in dem eher unwahrscheinlichen Fall nämlich, daß so etwas wie das Parallelenpostulat Teil des Geraden-Stereotyps ist), aber sie bewirkte nicht eine *bloße* Bedeutungsänderung. Insonders bedeutete sie nicht eine *Extensions*änderung: Es wäre nicht korrekt zu sagen, das Parallelenpostulat habe ‚im früheren Sinn der Wörter' gegolten. Daraus, daß mit dem Verwerfen eines Satzes *S* eine Bedeutungsänderung einhergeht, folgt nicht die *Wahrheit* von *S*. Bedeutungen passen möglicherweise nicht auf die Welt, und Bedeutungsänderungen können durch empirische Entdeckungen erzwungen werden.

Wir bemühen uns in diesem Aufsatz zwar nicht um eine Explikation des Analytizitätsbegriffs, aber doch um eine Explikation des anscheinend eng verwandten Bedeutungsbegriffs. Es sieht also so aus, als richteten sich Quines Argumente auch gegen unseren Versuch. Prüfen wir das.

Unserem Standpunkt zufolge läßt sich in einem Sinne ohne weiteres sagen, die Eigenschaft, gestreift zu sein, sei Bestandteil der Bedeutung von „Tiger". Danach folgt aber nicht, daß der Satz „Tiger sind gestreift" analytisch wäre. Wenn sich eine Mutation ereignete, könnten alle Tiger Albinos sein. Kommunikation setzt voraus, daß ich ein Stereotyp vom Tiger habe, welches Streifen beinhaltet; daß du ein Stereotyp vom Tiger hast, welches Streifen beinhaltet; daß ich weiß, daß dein Stereotyp Streifen beinhaltet; daß du weißt, daß mein Stereotyp Streifen beinhaltet; daß du weißt, daß ich weiß, daß . . . (und ohne Ende so weiter, à la Grice). Aber sie setzt nicht voraus, daß ein Stereotyp *korrekt* ist oder daß die Mehrzahl unserer Stereotypen für immer korrekt bleibt. Wir haben eben nicht angenommen, daß darin, daß etwas von der Sprache her obligatorisch ist, Unrevidierbarkeit oder auch nur Wahrheit zum Ausdruck kommt; daher können wir sagen, daß „Tiger sind gestreift" Teil der Bedeutung von „Tiger" ist, ohne uns in den Schlingen der Analytizität zu verheddern.

Daß eine Eigenschaft Teil der Bedeutung von *X* ist, können wir also durchaus damit gleichsetzen, daß diese Eigenschaft obligatorisch im *X*-Stereotyp enthalten ist; Quines Argumente gegen die Gleichsetzung von Analytizität mit Zentralität sprechen jedenfalls nicht dagegen. Wie steht es mit Quines Argument von wegen „Geräusch"?

Natürlich ist, was die Leute *sagen,* einschließlich expliziter metasprachlicher Bemerkungen für die Semantik ebenso wie für die Syntax wichtig. Wenn etwa ein Sprecher auf Öl zeigt und fragt: „Ist das ein Tiger?", so kann es ihm leicht passieren, daß er schallendes Gelächter und (nach dessen Beruhigung) Feixereien wie „er kennt die Bedeutung von ‚Tiger' nicht" oder „er weiß nicht, was Tiger sind" erntet. Solche Kommentare können dem Linguisten von Nutzen sein. Doch *definieren* wir nicht Stereotypen mittels solcher Kommentare. Daß Großkatzenhaftigkeit Teil der Bedeutung von „Tiger" ist, heißt nicht einfach, daß die Anwendung von „Tiger" auf etwas, das nicht großkatzenhaft (und auch kein Tiger) ist, gewisse *Geräusche* provoziere. Es heißt, daß sich Sprecher mit dem Erwerb des Wortes „Tiger" die Information aneignen, daß (stereotypische) Tiger großkatzenhaft sind, und daß sie sich verpflichtet fühlen, dafür zu sorgen, daß die, denen sie den Gebrauch dieses Wortes lehren, es ihnen gleichtun. Und Informationen über die minimalen Fähigkeiten, die man beherrschen muß, um in die Sprachgemeinschaft aufgenommen zu werden, sind immer bedeutsam; eine Zirkularität, wie Quine sie kritisiert hat, taucht hier nirgends auf.

Erstübersetzung

Quines Problem der Erstübersetzung (d.h. der Übersetzung einer völlig unbekannten Sprache einer völlig unbekannten Kultur) wird durch unsere Theorie nicht gelöst, jedenfalls nicht von ihr allein. Unser hypothetisches Tscherokoki können wir nicht durch Vergleich und Zuordnung von Stereotypen ins Deutsche übersetzen, aus dem simplen Grunde, weil die Ermittlung etwa des wa'arabi-Stereotyps gerade die Übersetzung von Äußerungen des Tscherokoki erfordert. Immerhin ist aber die einschränkende Bedingung, daß die Übersetzungsfunktion jedes Wort des Tscherokoki in ein deutsches Wort mit dem gleichen Stereotyp abzubilden habe (oder mit einem ungefähr gleichen Stereotyp; exakte Gleichheit wird vielfach unerreichbar sein), eine starke *Beschränkung* für die Übersetzungsfunktion. Sobald es uns gelungen ist, den Grundwortschatz des Tscherokoki zu übersetzen, können wir beginnen, Stereotypen auszuforschen, und mit diesen können wir sowohl weiteren Übersetzungen Schranken auferlegen, als auch die interne Stimmigkeit des bereits konstruierten Stücks der Übersetzungsfunktion prüfen.

Selbst wo wir die Stereotypen herausfinden können (in Abhängigkeit von einer provisorischen Übersetzung des Grundwortschatzes), reichen diese im allgemeinen nicht zur eindeutigen Bestimmung einer korrekten Übersetzung hin. Zum Beispiel haben die englischen Wörter „elm" und „beech" beide dasselbe Stereotyp wie „Ulme"; doch bedeutet „elm" Ulme und „beech" Buche. Hier mag die Tatsache, daß „elm" und „Ulme" etymologisch verwandt sind, auf die korrekte Übersetzung hinweisen (das ist freilich überhaupt kein sicherer Tip; im allgemeinen sind etymologisch verwandte Wörter nicht synonym); aber das Griechische gibt uns keinen solchen Anhaltspunkt dafür, welches der beiden Wörter „*ὀξύα*" und „*πτελέα*" Ulme bedeutet und welches Buche; wir müßten gerade einen Griechen finden, der Ulmen und Buchen (bzw. *ὀξύα* und *πτελέα*) unterscheiden kann. Dies demonstriert, daß nicht unbedingt die Ablehnungs- und Zustimmungsdispositionen des *normalen* Sprechers Forschungsziel des Linguisten sein sollten; wegen der sprachlichen Arbeitsteilung muß der Linguist häufig erst abschätzen, wer die Experten bezüglich „*ὀξύα*" oder „wa'arabi" oder „gavagai'" oder was immer sind, bevor ihm eine Vermutung über die sozial bestimmte Extension eines Wortes möglich ist. Diese sozial bestimmte Extension *und* das Stereotyp des normalen, wenn auch nicht sachkundigen Sprechers werden dann *beide* der Übersetzungsfunktion Beschränkungen auferlegen. Entdeckte man, daß das *ὀξύα*-Stereotyp sich total vom Ulmen-Stereotyp unterscheidet, so wäre eine Übersetzung von „*ὀξύα*" mit „Ulme" durchweg unbrauchbar, außer in den allerextensionalsten Kontexten; aber die Feststellung, daß die *Extension* von „*ὀξύα*" sich nicht wenigstens ungefähr mit der

Menge der Ulmen deckt, würde diese Übersetzung absolut, für alle Kontexte verbieten.

Es wird der Aufmerksamkeit des Lesers nicht entgangen sein, daß wir die Gesamtheit der Tatsachen, an denen es für uns die Übersetzungsfunktion auszurichten gilt, bereits über den von Quine in *Word and Object* (1960) zugelassenen, spartanischen Grundbestand hinaus ausgedehnt haben. Zum Beispiel wird die Tatsache, daß die Sprecher das und das sagen, wenn der ‚Komplize' des Linguisten auf das Wort „*ὀξύα*" zeigt und so etwas fragt wie: „Was bedeutet das?" oder „Was ist das?", von Quine nicht (als etwas, was der Linguist wissen kann) anerkannt, weil solches Wissen voraussetze, daß man die Frage „Was bedeutet dieses Wort?" bereits übersetzt hat. Wenn jedoch Quine sich schon gestattet anzunehmen, daß man die Wörter, die in der fremden Sprache *Zustimmung* und *Ablehnung* ausdrücken, *irgendwie* erraten könne, dann scheint es nicht gänzlich unvernünftig zu sein anzunehmen, man könne die Sprecher der fremden Sprache irgendwie merken lassen, daß man ein Wort nicht versteht. Dazu ist es nicht nötig, eine Wendung der fremden Sprache herauszufinden, die wörtlich „Was bedeutet dieses Wort?" bedeutet (und nicht etwa „ich verstehe dieses Wort nicht" oder „dieses Wort ist mir unbekannt" etc.); vielleicht würde es schon genügen, das Wort „*ὀξύα*" oder, um welches es sich gerade dreht, in einem Ton der Verständnislosigkeit zu äußern. Warum sollte dem Linguisten *Verständnislosigkeit* weniger zugänglich sein als *Zustimmung?*

Auch nutzen wir die Tatsache aus, daß sich die Zerlegung in *Wörter* als universales Sprachmerkmal herausgestellt hat (es gibt sogar Methoden, die Zerlegung in Wörter und Morpheme bedeutungsunabhängig zu ermitteln). Es gibt eindeutig keinen guten Grund dafür, dem Linguisten die Fähigkeit zuzugestehen, ganze Sätze zu äußern und dann Zustimmung oder Ablehnung zu registrieren, nicht aber die Fähigkeit, Wörter und Morpheme in einem Ton der Verständnislosigkeit zu äußern.

Um es zu wiederholen, ich behaupte nicht, daß eine derartige Verbreiterung der Basis zur Überprüfung von Übersetzungsfunktionen das Problem der Erstübersetzung löst. Vielmehr wird dadurch die Klasse der Möglichkeiten für eine korrekte Übersetzung stärker eingeschränkt, und ich glaube in der Tat, daß sich mit darüber hinausgehenden Einschränkungen eine Übersetzung eindeutig als die korrekte auszeichnen läßt – oder wenigstens so eindeutig, wie das in der Praxis eben möglich ist. Doch müssen dazu meines Erachtens Einschränkungen herangezogen werden, die nicht mehr in den eigentlichen Bereich der Linguistik fallen; es werden auch Einschränkungen darunter sein, die davon handeln, welche Überzeugungen (und welche Zusammenhänge zwischen den verschiedenen Überzeugungen und zwischen den Überzeugungen und der tatsächlichen Natur und Kultur) wir den Leuten vernünftigerweise unterstellen dürfen. Doch will ich all diese Dinge in einem anderen Aufsatz ausführlicher diskutieren.

Eine Kritik der semantischen Theorie von Davidson

In einer Reihe von Veröffentlichungen[29] hat Donald Davidson den Vorschlag vorgebracht, eine semantische Theorie für eine natürliche Sprache dem nachzubilden, was mathematische Logiker eine *Wahrheitsdefinition* für eine formalisierte Sprache nennen. Alle technischen Details einmal beiseite gelassen, läuft dieser Vorschlag darauf hinaus, daß sich eine Menge von Regeln formulieren lassen müßte, die folgendes leisten: (1) Sie geben für jedes Wort an, unter welchen Bedingungen es auf etwas zutrifft (d.h. für jedes Wort, dem man sinnvollerweise eine Extension zuordnen kann; alle anderen Wörter sind als synkategorematisch zu behandeln); (2) sie geben die Wahrheitsbedingungen eines jeden Satzes, der aus mehr als einem einzigen Wort besteht, als Funktion dessen an, wie und aus welchen kürzeren Sätzen er sich zusammensetzt (wobei Wörter als Ein-Wort-Sätze betrachtet seien, „Schnee" also z.B. als „das ist Schnee"). Daß Ein-Wort-Sätze den Ausgangspunkt bilden, ist meine Interpretation von Davidson; er will jedenfalls mit einer *endlichen* Liste *kurzer* Sätze anfangen, für die die Wahrheitsbedingungen *direkt* festgelegt sind. (2) ist dann nicht so zu verstehen, daß es für jeden Satz, der nicht unter (1) fällt, eine gesonderte Regel gibt – das erforderte ja unendlich viele Regeln –, sondern so, daß für jede Satz*art* eine Regel zuständig ist. Zum Beispiel lautete für eine formalisierte Sprache eine der in (2) gemeinten Regeln so: Wenn S die Form (S_1 & S_2) hat, wobei S_1 und S_2 Sätze sind, dann ist S genau dann wahr, wenn S_1 und S_2 beide wahr sind.

[29] Insbesondere in Davidson (1967); siehe aber z.B. auch Davidson (1973a, b) und (1974). (Anm. d. Übers.)

Es dürfte klar sein, daß in dem eben gegebenen Beispiel die Wahrheitsbedingung für Sätze der Form (S_1 & S_2) gleichzeitig die Bedeutung von „&" festlegt – oder, genauer, die Bedeutung der Struktur (. . . & – – –). In diesem Sinne läßt sich eine Wahrheitsdefinition als eine Bedeutungstheorie verstehen. Und Davidson verficht die Meinung, daß sich die Bedeutungstheorie für eine natürliche Sprache *zur Gänze* in diese Form bringen läßt.

Es besteht kein Zweifel daran, daß Regeln der dargestellten Art die Bedeutung mancher Wörter und Strukturen festlegen können. Die Frage ist jedoch, welcher Grund für die Annahme besteht, die Bedeutung der meisten oder gar aller Wörter lasse sich in dieser Weise angeben.

Offensichtlich gibt es die folgende Schwierigkeit: Für viele Wörter kann man eine extensional korrekte Wahrheitsdefinition angeben, ohne diese irgendwie als Aussage über die Bedeutung dieser Wörter auffassen zu können. Betrachten wir z.B. die Formel

„‚*x* ist Wasser' ist wahr genau dann, wenn *x* H_2O ist".

Dies ist eine extensional korrekte Wahrheitsdefinition für „Wasser" (d.h., genau genommen, ist es keine Wahrheitsdefinition, sondern eine Erfüllungsdefinition im Sinne von Tarski; aber diese Feinheiten sollen uns hier nicht scheren). Zumindest ist sie dann extensional korrekt, wenn wir davon absehen, daß nicht chemisch reines Wasser auch Wasser genannt wird. Nehmen wir an, daß die meisten Sprecher nicht wissen, daß Wasser H_2O ist. Dann verrät uns diese Formel überhaupt nichts über die *Bedeutung* von „Wasser". Sie mag für einen Chemiker aufschlußreich sein, aber sie kann nicht als Aussage über die Bedeutung des Wortes „Wasser" gelten. Als Aussage über die *Extension* des Wortes „Wasser" kann man sie gelten lassen, aber Davidson hat uns mehr in Aussicht gestellt.

Davidson sieht diese Schwierigkeit sehr wohl. Ihr sei (zumindest mündlich hat er sich so geäußert) durch die Ausarbeitung einer Theorie der *Übersetzung* zu begegnen. Dies scheint für ihn, wie für Quine, das eigentliche Problem zu sein. Relativiert auf eine solche Theorie (die wir zugegebenermaßen noch nicht haben), läuft dann seine Theorie darauf hinaus: Wir wollen ein System von Wahrheitsdefinitionen, das gleichzeitig ein System von Übersetzungen ist (oder von ungefähren Übersetzungen, falls eine exakte Übersetzung nicht möglich ist).

Wenn wir eine Theorie hätten, die uns sagte, was eine gute Übersetzung ist, so könnten wir die obige Wahrheitsdefinition für „Wasser" ausscheiden – ist sie doch deswegen uninteressant, weil (in einer vorwissenschaftlichen Gemeinschaft) „*x* ist H_2O" keine akzeptable Übersetzung oder auch nur Fast-Übersetzung von „*x* ist Wasser" ist, selbst wenn Wasser gleich H_2O ist.

Dies kommt der Aussage, eine Bedeutungstheorie sei eine Wahrheitsdefinition samt einer Bedeutungstheorie, gefährlich nahe. (Wenn wir Brot und Spiele hätten, hätten wir Brot und Spiele – *wenn* wir Brot und Spiele hätten.) Wenn es nur die Verheißungen wären, an denen die Geschichte krankt! Aber es kommt noch schlimmer, wie wir gleich sehen werden.

Davidson verficht außerdem die Meinung, daß die Übersetzungstheorie, die wir noch nicht haben, notwendigerweise von *Sätzen* und nicht von *Wörtern* als Grundeinheiten auszugehen habe, weil die *Datenbasis* der Linguistik notwendigerweise in Zustimmung zu und Ablehnung von Sätzen bestehe. Wörter, so meint Davidson, könnte man dann als Sätze behandeln („Wasser" z.B. also als „das ist Wasser" etc.).

Dieses ehrgeizige Projekt des Aufbaus einer Bedeutungstheorie in Form einer Wahrheitsdefinition und nach Maßgabe einer Übersetzungstheorie, die an Hand ‚der einzigen Datenbasis, die wir haben', den Sprecherdispositionen zum Gebrauch von Sätzen, geprüft wird: wie stellt es sich im Lichte des hier vorgebrachten Standpunktes dar?

Unsere Antwort ist, daß dieses Projekt prinzipiell nicht gelingen kann. In Spezialfällen wie dem Wort „und" in seinem wahrheitsfunktionalen Sinn kann eine Wahrheitsdefinition (d.h., genau genommen, eine Bedingung aus dem, was Logiker eine Wahrheitsdefinition nennen; erst die Summe aller dieser Bedingungen liefert ja die induktive Definition von „Wahrheit" für eine bestimmte Sprache) die Bedeutung eines Wortes oder einer Struktur festlegen, weil in solchen Fällen das mit dem jeweiligen Wort verknüpfte Stereotyp (wenn man im Zusammenhang mit solchen Wörtern wie „und" überhaupt von Stereotypen reden will) stark genug ist, um eine notwendige und hinreichende Bedingung zu liefern. Wenn es sich bei allen Wörtern so wie bei „und" und bei „Junggeselle" verhielte, dann könnte das Programm glücken. Und daß Davidson darauf hingewiesen hat, daß die Linguistik es mit induktiv spezifizierten Wahrheitsbedingungen zu tun hat, war ganz gewiß wertvoll. Doch sind für die große Mehrzahl aller Wörter die Erfordernisse einer Wahrheitstheorie mit denen einer Bedeutungstheorie unverträglich, zumindest in dem Fall, wo wir versuchen, eine gehaltvolle Theorie über die Bedeutung deutscher Wörter aufzustellen, die ihrerseits wieder im Deutschen formuliert ist; und dieser deutsch-deutsche Fall ist sicherlich der grundlegende.

Der Haken ist, daß die einzigen Ausdrücke, die sowohl die gleiche Extension als auch ungefähr das gleiche Stereotyp wie *X* haben, in der Regel Ausdrücke sind, in denen *X* selbst wieder vorkommt. Verbieten wir solche Wahrheitsdefinitionen (genau genommen: Bedingungen; aber einfachheitshalber werde ich weiterhin sowohl von der einzelnen Bedingung wie von der Gesamtmenge an Bedingungen als Wahrheitsdefinition sprechen) wie

„‚*x* ist Wasser‘ ist wahr genau dann, wenn *x* Wasser ist“,

weil sie uns überhaupt nichts über die Bedeutung von „Wasser“ sagen, und auch solche Wahrheitsdefinitionen wie

„‚*x* ist Wasser‘ ist wahr genau dann, wenn *x* H_2O ist“,

weil sie als Beschreibung der *Bedeutung* von „Wasser“ falsch sind – verbieten wir also all das, so bleibt uns gar nichts mehr.

Allgemein besteht die Schwierigkeit darin, daß für den Satz

„‚*x* ist ein *W*‘ ist wahr genau dann, wenn – – –“

drei Dinge gelten sollen: (1) Er soll extensional richtig sein (wobei „– – –“ eine Bedingung sein soll, die „*x*“ enthält, z.B. „*x* ist H_2O“); (2) „– – –“ soll eine *Übersetzung* von *W* sein – das heißt gemäß unserer Theorie, daß das mit *W* assoziierte Stereotyp ungefähr das gleiche ist wie das mit „– – –“ assoziierte: (3) in „– – –“ sollen *W* selbst und syntaktische Varianten von *W* nicht vorkommen. Wenn *W* z.B. das Wort „Ulme“ ist, so ist es absolut unmöglich, allen drei Dingen auf einmal zu genügen. Jeder Satz der obigen Form, in dessen „– – –“-Teil „Ulme“ nicht vorkommt und der extensional richtig ist, wird als “– – –“ etwas enthalten, das als *Übersetzung* von „Ulme“ einfach fürchterlich ist.

Auch dort, wo die Sprache zwei genau synonyme Ausdrücke enthält, schaut es nicht viel besser aus. Zum Beispiel ist

„‚*x* ist ein Enterich‘ ist wahr genau dann, wenn *x* ein Erpel ist“

und ebenso

„‚*x* ist ein Erpel‘ ist wahr genau dann, wenn *x* ein Enterich ist“

zutreffend – doch soll *das* eine *Theorie* der *Bedeutung* von „Erpel“ und „Enterich“ sein?

Man beachte, daß es gerade die Bedingung (3) ist, auf die Logiker bei *ihren* Wahrheitsdefinitionen verzichten.

„‚Schnee ist weiß‘ ist wahr genau dann, wenn Schnee weiß ist“

ist das Paradigma einer Wahrheitsdefinition im Sinne des Logikers. Nur versuchen Logiker eben, die Extension von „wahr“ in Bezug auf eine bestimmte Sprache zu bestimmen und nicht die Bedeutung von „Schnee ist weiß“. Tarski hätte sogar behauptet, daß er die *Bedeutung* (und nicht bloß die Extension) von „wahr“ angibt; aber niemals hätte er für sich in Anspruch genommen, *irgendetwas* über die Bedeutung von „Schnee ist weiß“ zu sagen.

Vielleicht meint Davidson in Wirklichkeit, daß eine ernst zu nehmende Bedeutungstheorie unmöglich und allein die Konstruktion von Übersetzungsfunktionen möglich ist. Wenn dem so ist, so meint er womöglich auch, daß die einzig mögliche, deutsch-deutsche ‚Bedeutungstheorie‘ eine ist, die solche Sachen sagt wie „‚*x* ist eine Ulme‘ ist wahr genau dann, wenn *x* eine Ulme ist“, „‚*x* ist Wasser‘ ist wahr genau dann, wenn *x* Wasser ist“ etc. und ganz selten auch etwas Erhellendes wie „(S_1 & S_2) ist wahr genau dann, wenn S_1 und S_2 beide wahr sind“. Doch wenn Davidsons ‚Theorie‘ nichts weiter ist als ein Quinescher Skeptizismus, der im Mäntelchen eines positiven Beitrags zur Bedeutungsanalyse daherkommt, so ist das eine herbe Enttäuschung.

Schließlich ist die Behauptung, die einzigen, dem Linguisten zugänglichen Daten seien die Sprecherdispositionen bezüglich ganzer Sätze, in einem Sinne leer und im andern Sinne, in dem sie nicht leer ist, schlicht falsch. Wenn Dispositionen zum Gebrauch von Sätzen so zu verstehen sind, daß darin die Dispositionen eingeschlossen sind, bei Befragung *über einzelne Wörter, Morpheme oder syntaktische Strukturen* gewisse Dinge zu sagen, so scheint die Einschränkung auf Dispositionen zum Gebrauch von Sätzen überhaupt keine Einschränkung zu sein. In der nicht-leeren Lesart besagt Davidsons Behauptung, daß sich dem Linguisten solche Daten wie die, was Gewährsleute (einschließlich des Linguisten selbst) nach der Bedeutung eines Wortes, eines Morphems oder einer syntaktischen Struktur befragt sagen, nicht erschließen können. Nirgends wurde je ein Grund dafür angegeben, warum Linguisten solche Daten unzugänglich sein sollten, und es ist augenfällig, daß Linguisten bei der Untersuchung einer fremden Sprache in die diesbezüglichen Aussagen der Gewährsleute bzw. bei der Untersuchung ihrer eigenen Sprache in ihre eigenen Intuitionen als Muttersprachler tatsächlich großes Vertrauen setzen. Insonderheit ist nicht einzusehen, wieso wir bei der Übersetzung eines ganzen Satzes darauf verzichten sollten, unser Wissen über die syntaktischen und semantischen Eigenschaften der Konstituenten dieses Satzes, einschließlich tiefenstruktureller Dinge, einzusetzen. Wir haben ja bereits festgestellt, daß es Verfahren zur Gewinnung von Informationen über einzelne Konstituenten gibt. Es ist schon bemerkenswert, daß das Verfahren, das Quine und Davidson zum einzig *möglichen* erklären, nämlich von ganzen Sätzen zu einzelnen Wörtern fortzuschreiten, das *Gegenteil* des Verfahrens ist, auf dem noch jeder bei der Untersuchung natürlicher Sprachen erzielte Erfolg beruhte.

Eine Kritik der kalifornischen Semantik

Ich will nun einen Ansatz zur Bedeutungstheorie diskutieren, dem der verstorbene Rudolf Carnap Bahn gebrochen hat. Um einer Verstrickung in Exegetisches zu entgehen, will ich den zu schildernden Standpunkt keinem bestimmten Philosophen zuschreiben, sondern einfach als ‚kalifornische Semantik' bezeichnen.

Wir gehen vom Begriff der *möglichen Welt* aus. Sei f eine Funktion, die auf der Menge aller möglichen Welten definiert ist und die jeder möglichen Welt x als Wert $f(x)$ eine Teilmenge der Menge der in x existierenden Entitäten zuordnet. Dann heißt f eine *Intension*. Ein Prädikat P hat für einen Sprecher X Bedeutung, wenn X mit P eine Intension f_P verbindet. Das Prädikat P *trifft* auf eine Entität e in einer möglichen Welt x genau dann *zu*, wenn e zu der Menge $f_P(x)$ gehört. Carnap selbst neigte dazu, statt vom Verbinden vom Erfassen von Intensionen zu sprechen; aber natürlich meinte er damit nicht, daß X die Intension f erfasse, sondern daß X erfaßt, daß f die Intension *von* P ist, d.h. daß er f irgendwie mit P *verbindet*.

Offenkundig stimmt dieses Bild vom Verständnis eines Wortes nicht damit überein, was wir hier schon dauernd erzählen. Ein kalifornischer Semantiker hat das damit erklärt, daß die kalifornische Semantik die Beschreibung einer *idealen* Sprache sei, während die reale Sprache *vage* sei. Mit anderen Worten, ein Prädikat *P* einer realen Sprache habe nicht eine einzige exakte Intension, sondern eine Menge, möglicherweise einen ‚fuzzy set', von Intensionen. Trotzdem bestünde der erste Schritt zu einer Beschreibung natürlicher Sprachen sicherlich in der Untersuchung der Idealisierung, nach der jedes Prädikat genau eine Intension hat.

(In seinem Buch *Meaning and Necessity* (1947) formuliert Carnap die Sache nur oberflächlich anders: Eine Intension ist einfach eine *Eigenschaft*; und eine Entität *e* gehört genau dann zur Extension eines Prädikates *P*, wenn *e* die Eigenschaft hat, die die Intension von *P* ist. Durch die spätere Formulierung mit Hilfe von Funktionen der oben beschriebenen Sorte wird vermieden, daß der Begriff der Eigenschaft als Grundbegriff fungiert.)

Die erste Schwierigkeit mit diesem Standpunkt ist der Gebrauch der nicht im geringsten erläuterten Wendung vom *Erfassen* einer Intension (oder in unserer Neuformulierung vom *Verbinden* einer Intension mit einem Wort). Die Identifizierung von Intensionen mit mengentheoretischen Entitäten liefert zwar eine ‚konkrete' Realisierung des Intensionsbegriffs (relativ zum Mengenbegriff und dem der möglichen Welt), wie es derzeit in der Mathematik gang und gäbe ist; doch fällt es nach diesem Manöver schwer zu verstehen, wie irgendjemand eine Intension im Geiste haben könnte oder wie es zugehen sollte, über eine Intension nachzudenken oder eine Intension zu erfassen oder mit etwas zu verbinden. Zu sagen, eine Intension irgendwie geistig zu bearbeiten, heiße, etwas zu gebrauchen, was diese Intension *bezeichnet*, tut es nicht – sei dieses Etwas nun ein Wort oder ein funktionales Äquivalent für ein Wort (z.B. das ‚Gehirncode'-Gegenstück zu einem Wort, sofern das Gehirn, wie es den Anschein hat, in einem Code rechnet, der Parallelen zur Sprache aufweist und möglicherweise von ihr entlehnt hat; oder auch Gedankenformen wie ein Bild oder ein privates Symbol, sofern solche beim Denken verwandt werden); es tut's deswegen nicht, weil die Bezeichnungsrelation (d.h. die Zugehörigkeit zur Extension) gerade mittels des *Intensionsbegriffs* definiert worden ist. Obwohl die Charakterisierung dessen, was es heißt, eine abstrakte

Entität wie eine Funktion oder eine Eigenschaft geistig zu bewegen, sicherlich richtig ist, im gegenwärtigen Zusammenhang ist sie offenkundig zirkulär. Und eine nicht-zirkuläre Charakterisierung dieser für die kalifornische Semantik grundlegenden Sache ist nirgends zu finden.

Diese Schwierigkeit hängt mit einer allgemeinen Schwierigkeit in der Philosophie der Mathematik zusammen, auf die Paul Benacerraf (1973) hingewiesen hat. Benacerraf hat festgestellt, daß sich die verschiedenen Theorien in der Philosophie der Mathematik zwischen zwei Stühle zu setzen belieben: Entweder tragen sie dem Rechnung, was mathematische Gegenstände sind und inwiefern mathematische Wahrheiten notwendig sind, und vergessen darüber die Tatsache, daß Menschen Mathematik *lernen,* über mathematische Gegenstände sprechen können etc.; oder sie tragen dem letzteren Rechnung und vergessen darüber das erstere. Die kalifornische Semantik erklärt, was Intensionen *sind,* aber sie erklärt in keiner, nicht völlig zirkulären Weise, wie es zugeht, daß wir dazu imstande sind, sie zu erfassen, sie mit Wörtern zu verbinden, sie geistig zu bewegen, über sie zu sprechen etc.

Carnap hat vielleicht auf Grund seines Verifikationismus diese Schwierigkeit nicht recht gesehen. In seinen früheren Jahren bestand für Carnap das Verstehen eines Wortes in der *Fähigkeit zu verfizieren,* ob eine Entität in die Extension dieses Wortes fällt oder nicht. Oder in Intensionsbegrifflichkeit: Das Erfassen einer Intension f bestand danach in der Fähigkeit zu verifizieren, ob eine Entität e in einer möglichen Welt x zu $f(x)$ gehört oder nicht. Später hat Carnap seine Meinung auf Grund der Erkenntnis geändert, daß, wie Quine es ausdrückt, Sätze sich nicht einzeln, sondern nur im Verbunde dem Tribunal der Erfahrung stellen; so etwas wie die Methode zu verifizieren, ob ein Ausdruck auf eine Entität zutrifft, gibt es in der Regel nicht außerhalb eines Zusammenhangs von bestimmten Theorien, Hilfshypothesen und dergleichen mehr. Vielleicht hätte Carnap darauf beharrt, daß seine frühere Theorie für eine begrenzte Klasse von Ausdrücken, für die sogenannten ‚Beobachtungsterme', in etwa zutrifft. Meiner Meinung nach ist die Verifizierbarkeitstheorie der Bedeutung sowohl für Beobachtungsterme wie schon in ihrem Kerngedanken falsch; aber hier ist nicht der Platz, das nun auszuführen.[30] Jedenfalls ist es, wenn man

[30] Platz dafür war z.B. in „Logical Positivism and the Philosophy of Mind" (vgl. Fußnote 16, S. 52) und in „Explanation and Reference" (vgl. Fußnote 9, S. 40), Abschn. III. (Anm. d. Übers.)

kein Verifikationist ist, schwer zu begreifen, inwiefern die kalifornische Semantik überhaupt eine Theorie ist, wo doch das Erfassen einer Intension so ganz im Unverständlichen geblieben ist.

Eine zweite Schwierigkeit ergibt sich, wenn wir annehmen, daß das Erfassen einer Intension (d.h. die Verbindung einer Intension mit einem Wort) ein *psychischer Zustand* (im engen Sinne) sein soll. Denn damit legt sich die kalifornische Semantik auf die beiden Annahmen (I) und (II) fest, die wir im ersten Teil dieses Aufsatzes kritisiert haben. Dann müßte also der psychische Zustand des Sprechers die Intensionen der von ihm verwandten Ausdrücke und diese wiederum die Extensionen dieser Ausdrücke bestimmen; und es folgte weiter, daß zwei menschliche Wesen, sofern sie sich im selben psychischen Gesamtzustand befinden, jedem Ausdruck, den sie verwenden, notwendigerweise dieselbe Extension zuordnen. Doch gilt das, wie wir gesehen haben, für natürliche Sprachen überhaupt nicht. Der erste Grund dafür, den wir gefunden haben, war, daß Extension sozial und nicht allein durch individuelle Kompetenz bestimmt ist. Die kalifornische Semantik bekennt sich damit also dazu, Sprache unter völliger Außerachtlassung der sprachlichen Arbeitsteilung als etwas Privates zu behandeln; sie sieht die Extension schon vollständig durch etwas bestimmt, was im Kopf des einzelnen Sprechers ist. Der zweite Grund, den wir gefunden haben, war, daß die meisten Ausdrücke *starr* sind. Die kalifornische Semantik behandelt im Grunde jeden Ausdruck als eine *Beschreibung* und vernachlässigt dabei die *indexikalische* Bedeutungskomponente, d.h. die Tatsache, daß unsere Ausdrücke auf Dinge zutreffen, die in bestimmten Hinsichten *diesen* Dingen da, dem Zeug, das wir *hier* Wasser nennen, etc., kurz: Dingen, die wir *starr* bezeichnen, ähnlich sind.

Verfängt die Verteidigung, daß es in der kalifornischen Semantik doch nicht um die reale Sprache gehe, sondern um eine Idealisierung, bei der von Vagheit abgesehen werde, und daß man sich ja die Ausdrücke einer natürlichen Sprache als mit einer Menge von Intensionen und nicht mit einer einzigen wohldefinierten Intension verbunden vorstellen könne?

Dem ist zu entgegnen, daß sich ein *indexikalisches* Wort nicht als eine vage Familie nicht-indexikalischer Wörter darstellen läßt. Das Wort „ich“ ist, um einen extremen Fall herzunehmen, *indexikalisch*, aber nicht *vage*. „Ich“ ist nicht synonym mit einer *Beschreibung*, und es ist auch nicht synonym mit einem ‚fuzzy set' von Beschreibungen. Und ebenso ist, wenn wir recht haben, „Wasser" weder mit einer Beschreibung noch mit einem ‚fuzzy set' von Beschreibungen (Intensionen) synonym.

Gleicherweise ist ein Wort, dessen Extension sozial und nicht individuell bestimmt ist, nicht dasselbe wie ein Wort, dessen Extension vage individuell bestimmt ist. Daß mein individuelles Erfassen von „Ulme" die Extension von „Ulme" nicht festlegt, liegt nicht an einer Vagheit dieses Wortes; wenn Vagheit allein das Problem wäre, so hätte die Tatsache, daß mein Begriff von Ulmen und mein Begriff von Buchen sich nicht unterscheiden, zur Folge, daß nach meinem Wortgebrauch Buchen Ulmen (oder jedenfalls Grenzfälle von Ulmen) und Ulmen Buchen (oder jedenfalls Grenzfälle von Buchen) wären. Es liegt vielmehr daran, daß die Extension von „Ulme" überhaupt nicht durch das festgelegt ist, was der normale Sprecher erfaßt oder nicht erfaßt; sie ist durch die Gemeinschaft, einschließlich der Experten, in einem komplexen, kooperativen Prozeß festgelegt. Eine Sprache, die sprachliche Arbeitsteilung aufweist, läßt sich nicht erfolgreich durch eine Sprache mit vagen Ausdrücken und ohne sprachliche Arbeitsteilung approximieren. Kooperation ist nicht Vagheit.

Ließe sich denn, so könnte man fortfahren, unsere reale Sprache in Gedanken nicht durch eine Sprache ersetzen, in der erstens jeder Ausdruck durch einen *nicht*-indexikalischen Ausdruck gleicher Extension ersetzt wäre (also z.B. „Wasser" durch „H_2O", gesetzt, „H_2O" wäre nicht indexikalisch) und in der zweitens die sprachliche Arbeitsteilung eliminiert wäre, weil jeder Sprecher auf jedem Gebiet zum Experten geworden ist?

Das ist nur zu verneinen; doch nehmen wir für den Augenblick an, die Antwort lautete „ja". Was für eine Bedeutung hätte das? Diese ideale Sprache hätte keinerlei Ähnlichkeit mehr mit unserer wirklichen Sprache; und der Unterschied hätte auch nichts mehr mit der Vagheit der natürlichen Sprache zu tun.

Tatsächlich ist jedoch diese Ersetzung nicht durchführbar, aus dem schlagenden Grund heraus, weil *alle* natürlichen Prädikate und physikalischen Größen in der beschriebenen Weise indexikalisch sind, weil „Wasserstoff" und auch „H_2O" ebenso indexikalisch sind wie „Wasser". Vielleicht sind ‚Sinnesdaten'-Ausdrücke (außer Wörtern fürs Ich) nicht indexikalisch, so es sie gibt; doch ist „gelb" als Prädikat für *Dinge* aus dem gleichen Grunde indexikalisch, aus dem „Tiger" es ist; auch wenn etwas gelb *aussieht,* muß es nicht gelb *sein.* Und es nutzt auch nichts zu sagen, daß Dinge, die unter normalen Umständen für normale Betrachter gelb aussehen, gelb sind; „normal" hat hier genau die Funktion, die für Indexikalität sorgt. Nichts spricht dafür, daß der Plan, unsere Sprache auf eine nicht-indexikalische Sprache zu reduzieren, prinzipiell durchführbar sei.

Dagegen dürfte die Eliminierung der sprachlichen Arbeitsteilung, nehme ich an, im Prinzip möglich sein. Doch wenn die sprachliche Arbeitsteilung, wie ich vermutet habe, ein sprachliches Universale ist, inwiefern ist es dann von Belang, daß eine Sprache denkbar ist, der ein konstituierendes Merkmal *menschlicher* Sprache fehlt? Eine Welt, in der jeder auf jedem Gebiet Experte wäre, hätte soziale Regeln, die in fast unvorstellbarer Weise von den unsrigen abwichen. Welchen Grund könnte es dafür geben, eine solche Welt und eine solche Sprache zum Modell für die Analyse *menschlicher* Sprachen zu machen?

Es bleibt nachzutragen, daß Philosophen, die in der Richtung der kalifornischen Semantik arbeiten, neuerdings dazu ansetzen, durch Modifikationen der Theorie gerade die erwähnten Mängel auszuräumen. So bestand ein Vorschlag darin, daß Intensionen vielleicht Funktionen seien, die nicht allein eine mögliche Welt, sondern etwa eine mögliche Welt, einen Sprecher und einen nicht-sprachlichen Äußerungskontext zum Argument haben. Damit ließen sich in der Theorie einige Formen von Indexikalität und auch einige Formen sprachlicher Arbeitsteilung repräsentieren. Demzufolge, wie David Lewis diesen Gedanken entwickelt[31], hätte zum Beispiel „Wasser" auf der Erde und der Zwerde gleiche *Intension* (Funktion), aber verschiedene Extension. (In der Tat behält Lewis die Annahme (I) unserer Diskussion zu Beginn dieses Aufsatzes bei und verwirft die Annahme (II); wir haben uns dazu entschlossen, (I) zu verwerfen und (II) beizubehalten.) Die von Carnap und seinen Nachfolgern entwickelten formalen Modelle können sich nach solchen Modifikationen durchaus als wertvoll erweisen; es spricht jedenfalls nichts dagegen. Nur ging es uns hier nicht um die Nützlichkeit mathematischer Formalismen, sondern um die Sprachphilosophie, die dieser Denkrichtung in ihren früheren Ausprägungen zugrunde liegt.

[31] Insbesondere in Lewis (1975). (Anm. d. Übers.)

Wenn der hier vorgeschlagene Ansatz richtig ist, dann steht eine Menge wissenschaftlicher Arbeit an: Es gilt herauszukriegen, welche Dinge in Stereotypen enthalten sein können; es gilt ein geeignetes System zur Repräsentation von Stereotypen auszuarbeiten; etc. Freilich ist das keine Aufgabe für die philosophische Diskussion; vielmehr fällt es unter die Zuständigkeit der Linguistik und der Psycholinguistik. Ein Gedanke, der hier, glaube ich, von Nutzen sein kann, ist der des *semantischen Merkmals oder Markers*. Der Gedanke stammt von J. J. Katz und J. A. Fodor[32]; wir werden ihn hier etwas abändern.

Betrachten wir kurz noch einmal das Tiger-Stereotyp. Es enthält solche Merkmale wie, ein Tier zu sein, wie eine große Katze auszusehen, schwarze Streifen auf gelbem Grund (oder gelbe Streifen auf schwarzem Grund?) zu haben, etc. Da fällt nun auf, daß es mit dem Merkmal „Tier“ etwas Besonderes auf sich hat. Im Hinblick auf das, was Quine Zentralität oder Unrevidierbarkeit nennt, ist es von den anderen aufgezählten Merkmalen qualitativ verschieden. Es ist nicht unmöglich, sich vorzustellen, daß Tiger keine Tiere sind (sie könnten Roboter sein). Aber wenn man sich das vollends ausmalt, so müssen sie schon immer Roboter gewesen sein; die Geschichte kann nicht so laufen, daß die Tiger irgendwann durch Roboter *ersetzt* werden, denn dann wären die Roboter keine Tiger. Oder wenn sie nicht schon immer Roboter waren, so müssen sie irgendwann Roboter *geworden* sein, was sich noch schwerer vorstellen läßt. Wenn Tiger Roboter sind und schon immer waren, so dürfen diese Roboter nicht allzu ‚intelligent‘ sein, ansonsten wir womöglich nicht einen Fall, in dem Tiger keine Tiere sind, sondern vielmehr einen Fall, in dem einige Roboter Tiere sind, beschrieben hätten. Am besten stellen wir sie uns als fremdgesteuerte Roboter vor, die etwa eine Leitzentrale auf dem Mars haben, die von ferne jede ihrer Bewegungen kontrolliert. Sich all das im Detail auszumalen, ist, um es noch einmal zu sagen, schwierig, und überhaupt anzufangen, über diesen Fall nachzudenken, fällt eigentümlich schwer, weshalb man leicht dem Irrglauben nachhängt, es sei ‚logisch unmöglich‘, daß ein Tiger *kein* Tier ist. Dagegen ist es keine große Mühe, sich vorzustellen, ein bestimmter Tiger sei nicht gestreift; er könnte ein Al-

[32] Siehe Katz, Fodor (1963). (Anm. d. Übers.)

bino sein. Auch ist es nicht schwierig, sich vorzustellen, daß ein bestimmter Tiger nicht wie eine große Katze aussieht; er könnte schrecklich verunstaltet sein. Wir können uns sogar vorstellen, daß die ganze Art ihre Streifen verliert oder ihre Form verändert. Aber Tiger, die keine Tiere mehr sind? Das ist schon eine harte Nuß.

Es ist zu beachten, daß wir nicht in den von Quine zu Recht kritisierten Fehler verfallen, solchen Aussagen wie

„Tiger sind Tiere"

oder

„Tiger können sich nicht derart ändern, daß sie erst Tiere und dann etwas anderes sind, und dabei immer noch Tiger bleiben"

absolute Unrevidierbarkeit zuzuschreiben. Im Gegenteil, wir können ganz weit hergeholte Fälle beschreiben, in denen diese Aussagen zu verwerfen wären. Aber wir bleiben bei der Behauptung, daß

„alle Tiger sind Tiere"

qualitativ schwerer zu revidieren ist als

„alle Tiger haben Streifen";

die letztere Aussage ist ja nicht einmal wahr.

Solche Merkmale wie „Tier", „Lebewesen", „Artefakt", „Wochentag", „Zeitdauer" etc. sind nicht nur ungemein zentral für solche Wörter wie „Tiger", „Muschel", „Stuhl", „Dienstag", „Stunde" etc., sie sind auch Teil eines wichtigen und weitverbreiteten *Klassifikationssystems*. Die Zentralität sichert, daß die unter diesen Titeln eingeordneten Dinge praktisch nie *neu* eingeordnet werden müssen; deshalb empfehlen sich diese Titel in unzähligen Kontexten als natürliche Kategorialindikatoren. Mir erschiene es vernünftig, wenn wir ebenso, wie wir in der Syntax mit Hilfe von Markern wie „Substantiv", „Adjektiv", „konkretes Substantiv", „Verb mit einer Person als Subjekt und einem abstrakten Objekt" etc. Wörter klassifizieren, in der Semantik diese Kategorialindikatoren als Marker benutzten.

Es ist interessant, daß Katz und Fodor, als sie den Begriff des semantischen Markers einführten, nicht gemeint haben, die Bedeutung, d.h. das, was wir das Stereotyp nennen, mit einer Liste solcher Marker vollständig zu erfassen. Vielmehr beschränkten sie die Marker gerade auf die Kategorialindikatoren hoher Zentralität, wie wir es nun wieder angeregt haben. Die übrigen Merkmale wurden einfach in einem ‚Distinktor' zusammengefaßt. Ihr Entwurf ist mit dem unseren nicht leicht zu vergleichen, weil sie ihre Geschichte so gedacht haben, daß die semantischen Marker zusammen mit dem Distinktor immer eine notwendige und hinreichende Bedingung für die Zugehörigkeit zur Extension des jeweiligen Ausdrucks liefern. Mit ihrer Annahme, daß das ganze Ding, die Marker samt dem Distinktor, das, wovon jeder Sprecher im Grunde Kenntnis hat, repräsentiere, ließen Katz und Fodor sich auf die Vorstellung ein, daß jeder Sprecher im Grunde eine notwendige und hinreichende Bedingung für die Zugehörigkeit zur Extension von „Gold", „Aluminium", „Ulme" etc. kenne; das ist aber, wie schon mehrfach ausgeführt, eine falsche Vorstellung. Später ging Katz noch weiter[33] und verlangte, daß all diese Merkmale eine *analytisch geltende*, notwendige und hinreichende Bedingung für die Zugehörigkeit zur Extension bilden sollten. An dieser Stelle gab er auch die Unterscheidung zwischen Markern und Distinktoren auf; wenn diese Merkmale alle sozusagen den höchsten Grad an Zentralität haben, wieso sollte man dann einige Marker und andere Distinktoren nennen? Von unserem Standpunkt aus war ihre usprüngliche Unterscheidung zwischen Markern und Distinktoren vernünftig – vorausgesetzt, man läßt den Gedanken fallen, daß der Distinktor zusammen mit den Markern eine notwendige und hinreichende Bedingung bildet, sowie den Gedanken, daß irgendetwas davon mit *Analytizität* zu tun hat. Mir scheint, daß semantische Marker, wenn man sie so versteht, wie hier angedeutet, eine wichtige Bereicherung darstellen.

Die Bedeutung von „Bedeutung"

Wir wollen zuletzt die bisherigen Ausführungen in Form eines Vorschlages dazu zusammenfassen, wie man den Begriff der Bedeutung rekonstruieren könnte. Unser Vorschlag ist nicht der einzige, von unseren Ausführungen zugelassene, aber er dient dazu, einige der Hauptpunkte festzuhalten. Zudem scheint mir, daß in ihm vermutlich so

[33] In Katz (1966); siehe dort insbesondere die Abschnitte über Semantiktheorie und Analytizität. (Anm. d. Übers.)

viel, wie möglich und sinnvoll ist, vom üblichen, alltäglichen wie linguistischen Reden von Bedeutung erhalten bleibt. Da meines Erachtens so etwas wie die zu Beginn dieses Aufsatzes formulierten Annahmen (I) und (II) tief im üblichen Reden von Bedeutung verwurzelt ist und doch von den Realitäten widerlegt wird, kann keine Rekonstruktion frei von Konsequenzen sein, die der Intuition zuwiderlaufen.

Kurz gesagt, besteht mein Vorschlag zur Definition von „Bedeutung" nicht darin, ein Objekt auszuzeichnen und mit Bedeutung gleichzusetzen (wer das partout will, kann das freilich in der üblichen mengentheoretischen Manier tun), sondern darin, eine Normalform für die Beschreibung einer Bedeutung (d.h. vielmehr einen Normalform*typ*) anzugeben. Wenn wir wissen, was eine ‚Normalform-Beschreibung' der Bedeutung eines Wortes ist, so wissen wir, finde ich, was Bedeutung *ist* – Bedeutung in einem wissenschaftlich relevanten Sinne.

Mein Vorschlag ist, daß die Normalform-Beschreibung der Bedeutung eines Wortes eine endliche Folge (oder ein Vektor) sein sollte, deren Komponenten jedenfalls folgendes enthalten sollten (vielleicht ist es wünschenswert, noch weitere Komponenten hinzuzunehmen): (1) die syntaktischen Marker wie z.B. „Substantiv", die dieses Wort kennzeichnen, (2) die semantischen Marker wie z.B. „Tier" oder „Zeitdauer", die dieses Wort kennzeichnen, (3) eine Beschreibung der weiteren Merkmale des zugehörigen Stereotyps, soweit vorhanden, (4) eine Beschreibung der Extension.

Der Vorschlag schließe dabei die folgende Vereinbarung ein: Alle Komponenten des Vektors *außer der für die Extension zuständigen* beinhalten eine Hypothese über die individuelle Kompetenz der Sprecher. Die Normalform-Beschreibung für „Wasser" sähe also, teilweise wenigstens, so aus:

syntaktische Marker: Kontinuativum, konkret,
semantische Marker: natürliche Art, Flüssigkeit,
Stereotyp: farblos, durchsichtig, ohne Geschmack,
durstlöschend etc.,
Extension: H_2O (mit oder ohne Beimengungen).

Das heißt *nicht*, daß damit das Wissen, daß Wasser H_2O ist, jedem einzelnen Sprecher oder auch nur der Gemeinschaft unterstellt wird. Es heißt nur, daß (*wir* sagen, daß) die Extension des Wortes „Wasser", wie *sie* (die fraglichen Sprecher) es gebrauchen, *in Wirklichkeit* H_2O ist. Den Einwand, wie *wir* dazu kämen zu sagen, was die Extension *ihrer* Wörter in Wirklichkeit sei, haben wir oben bereits diskutiert. Man beachte, daß das im Grunde ein Einwand gegen den Begriff der *Wahrheit* ist und daß der Extensionsbegriff als Abkömmling des Wahrheitsbegriffs die Probleme seiner Verwandtschaft erbt.

Nennen wir zwei Normalform-Beschreibungen *äquivalent,* wenn sie die gleiche Extension enthalten und bis auf die Beschreibung der Extension sogar identisch sind. Wenn dann die in den beiden Beschreibungen unterschiedlich beschriebene Menge *tatsächlich* die Extension des betreffenden Wortes ist und wenn außerdem die anderen, identischen Komponenten der Beschreibungen korrekte Charakterisierungen der verschiedenen Aspekte der zu repräsentierenden Kompetenz sind, so sind *beide* Beschreibungen korrekt. Zwei äquivalente Beschreibungen sind entweder beide korrekt oder beide nicht korrekt. Dies soll lediglich ausdrücken, daß wir zwar eine *Beschreibung* der Extension verwenden müssen, um die Extension *anzugeben,* und daß aber nichtsdestotrotz die fragliche Komponente unserer Intention nach aus der *Extension* selbst (aus der *Menge*) und nicht aus der Beschreibung der Extension bestehen soll.

Insbesondere stimmten die Repräsentationen des Wortes „Wasser" im irdischen wie im zwirdischen Sprachgebrauch genau überein bis auf die letzte Zeile, wo in der Normalform-Beschreibung des zwirdischen „Wasser" „*XYZ*" statt „H_2O" stünde. In Anbetracht des eben Gesagten bedeutet dies, daß wir dem normalen Erdling und dem normalen Zwerdling *dieselbe* sprachliche Kompetenz und dem Wort „Wasser" dennoch unterschiedliche Extension zuschreiben.

Dieser Vorschlag läuft darauf hinaus, daß wir die Annahme (II) unserer eingangs geführten Diskussion beibehalten: Bedeutung bestimmt Extension – per constructionem sozusagen. Aber (I) wird damit aufgegeben; der psychische Zustand eines Sprechers bestimmt nicht die Bedeutung dessen, was er sagt.

Ich glaube, in den meisten Fällen stimmt das mit unserer üblichen Redeweise überein. Doch nur ein Paradox: Beherrsche Oskar sowohl Englisch als auch Deutsch. Unserem Standpunkt zufolge sind die beiden Wörter „beech" und „Buche" in seinem Gesamtidiolekt *exakte Synonyme;* die Normalform-Beschreibungen ihrer Bedeutungen sind identisch. Dennoch könnte es durchaus sein, daß er nicht weiß, daß sie synonym sind! Es ist möglich, daß ein Sprecher zwei Synonyme in seinem Wortschatz hat und nicht weiß, daß sie Synonyme sind!

Es ist lehrreich, sich anzuschauen, inwiefern die Unrichtigkeit des scheinbar selbstverständlichen Satzes

> „wenn S_1 und S_2 synonym sind und Oskar sowohl S_1 wie S_2 versteht, so weiß Oskar, daß S_1 und S_2 synonym sind“

gemäß unserer Analyse mit der Falschheit der Annahme (I) zusammenhängt. (Andererseits ist zu beachten, daß wir, wenn wir David Lewis' Vorschlag, wie ich ihn verstanden habe, gefolgt wären und die Extension als Komponente des ‚Bedeutungsvektors‘ weggelassen hätten, uns dann dem Paradox gegenübersähen, daß „Ulme“ und „Buche“ die *gleiche Bedeutung,* aber verschiedene Extension hätten!)

Eine Proposition zu glauben, ist nach so ziemlich jeder materialistischen Theorie mit der Verarbeitung irgendeiner *Repräsentation* dieser Proposition verbunden – bestehe diese in einem Satz einer Sprache, in einem Teil des ‚Gehirncodes‘, in einer Gedankenform oder sonst etwas. Materialisten, und nicht nur Materialisten, widerstrebt der Gedanke, daß man Propositionen *pur* glauben könne. Aber selbst Materialisten neigen zu der Überzeugung, daß es fürs Glauben einer Proposition nicht von Belang ist, *welche* Repräsentation dabei verwandt wird. Wenn S_1 und S_2 zwei Repräsentationen derselben Proposition sind, die mir beide zu Gebote stehen, und wenn ich dann diese Proposition in der Repräsentation S_1 glaube, so muß ich sie auch in der Repräsentation S_2 glauben – zumindest wenn ich rational bin. Doch das ist falsch, wie wir gesehen haben. Es ist sehr wohl möglich, daß Oskar glaubt, daß *dies* eine Buche ist (es trägt ein Schild, auf dem „Buche“ steht), und weder für wahr noch für falsch hält, daß es eine ‚beech‘ ist! Nicht nur stützt sich sein Glauben auf Repräsentationen; vielmehr glaubt er die Proposition (wenn man hier überhaupt von Propositionen reden will) in einer Repräsentation, und er glaubt sie nicht in einer anderen.

Was an der Bedeutungstheorie wirklich wundernimmt, ist, wie lange sie unter dem Joch philosophischer Irrlehren gestanden hat und wie hartnäckig diese Irrlehren sind. Ein Philosoph nach dem andern identifizierte Bedeutung mit einer notwendigen und hinreichenden Bedingung. In der empiristischen Tradition stehende Philosophen haben einer um den andern Bedeutung mit Verifikationsmethode gleichgesetzt. Nicht einmal Ausschließlichkeit kommt diesen Irrtümern zu; nicht wenige Philosophen setzten alle drei Dinge gleich: Bedeutung, Verifikationsmethode und notwendige und hinreichende Bedingung.

Andererseits nimmt es wunder, wie wenig die Zügel der Tatsachen gegriffen haben. Schließlich sind die Dinge, die in diesem Aufsatz zur Sprache gekommen sind, nicht viel mehr als Feld-, Wald- und Wiesen-Wahrheiten über unseren Gebrauch von Wörtern und darüber, wieviel (oder besser, wie wenig) wir in Wirklichkeit wissen, wenn wir sie verwenden. Ich selbst habe angefangen, über diese Dinge nachzudenken, als ich einen Aufsatz[34] veröffentlicht hatte, in dem ich hoffnungsfroh verkündete, die Bedeutung eines Wortes sei ein Bündel semantischer Regeln, und als dann Zweifel in mir aufstiegen, ob sich der Bedeutung des Allerweltwortes „Gold" auf diese Weise Rechnung tragen lasse. Nicht, daß die Philosophen versäumt hätten, solche Beispiele zu betrachten: Locke z.B. führt dieses Wort als Beispiel an und findet nichts Falsches an dem Gedanken, daß seine Bedeutung eine notwendige und hinreichende Bedingung sei.

Wenn es einen Grund dafür gibt, daß hinsichtlich dieses Themas die Meinung der Laien wie der Gelehrten derart auf Abwege geriet – hinsichtlich eines Themas, in dem es immerhin um Dinge geht, die jedermann vertraut sind, um Dinge, über die wir mehr Daten haben, als wir bewältigen können, um Dinge, bezüglich derer wir, wenn wir Vorurteile abstreifen, ziemlich klare Intuitionen haben –, so muß er damit zusammenhängen, daß sich in den immer schon und immer noch umlaufenden, grotesken Ansichten über Sprache zwei charakteristische und zentrale philosophische Tendenzen widerspiegeln: die Tendenz, Erkenntnis als eine rein *individuelle* Angelegenheit zu betrachten, und die Tendenz, die *Welt* außer acht zu lassen, soweit sie mehr ist als die Erfahrung des Individuums. Die sprachliche Arbeitsteilung zu vernachlässigen, heißt, die soziale Dimension der Erkenntnis zu vernachlässigen; und zu vernachlässigen, was wir die Indexikalität von Wörtern genannt haben, heißt den Beitrag der Umwelt zu vernachlässigen. Die

[34] „How Not to Talk About Meaning", in: R. Cohen, M. Wartofsky (eds.), *Boston Studies in the Philosophy of Science,* Bd. II, New York 1965, S. 205–222, wiederabgedruckt in Putnam (1975b), Kap. 6.

traditionelle Sprachphilosophie, wie die traditionelle Philosophie weithin, hat die Welt und die anderen Menschen übergangen; eine bessere Sprachphilosophie und eine bessere Sprachwissenschaft muß beides einbeziehen.

Literaturverzeichnis

Benacerraf, P. (1973), „Mathematical Truth", *Journal of Philosophy* 70, 661–679

Boyd, R. (1973), „Realism and Scientific Epistemology", unveröffentlichtes Manuskript

Carnap, R. (1947), *Meaning and Necessity*, Chicago; dt. Übers.: *Bedeutung und Notwendigkeit*, Wien 1972

Carnap, R. (1966), *Philosophical Foundations of Physics*, New York, dt. Übers.: *Einführung in die Philosophie der Naturwissenschaft*, München 1976

Chomsky, N. (1971), *Problems of Knowledge and Freedom*, New York

Davidson, D. (1967), „Truth and Meaning", *Synthese* 17, 304–323

Davidson, D. (1973a), „Radical Interpretation", *Dialectica* 27, 313–328

Davidson, D. (1973b), „In Defense of Convention T", in: H. Leblanc (ed.), *Truth, Syntax and Modality*, Amsterdam, S. 76–86

Davidson, D. (1974), „Belief and the Basis of Meaning", *Synthese* 27, 309–323

Flew, A. (1956), „Philosophy and Language", in: A. Flew (ed.), *Essays in Conceptual Analysis*, London, S. 1–20

Katz, J. J. (1966), *The Philosophy of Language*, New York; dt. Übers.: *Philosophie der Sprache*, Frankfurt a.M. 1969

Katz, J. J. (1975), „Logic and Language: An Examination of Recent Criticisms of Intensionalism", in: K. Gunderson (ed.), *Minnesota Studies in the Philosophy of Science*, Vol. VII, *Language, Mind, and Knowledge*, Minneapolis, S. 36–130

Katz, J. J., Fodor, J. A. (1963), „The Structure of a Semantic Theory", *Language* 39, 170–210; auch in: J. A. Fodor, J. J. Katz (eds.), *The Structure of Language*, Englewood Cliffs, N. J., 1964, S. 479–518

Kripke, S. (1972a), „Identity and Necessity", in: M. Munitz (ed.), *Identity and Individuation*, New York, S. 135–164

Kripke, S. (1972b), „Naming and Necessity", in: D. Davidson, G. Harman (eds.), *Semantics of Natural Language*, Dordrecht, S. 253–355 + 763–769

Kroch, A. (1974), Doctoral Dissertation, Department of Linguistics, M. I. T., Boston

Kuhn, T. S. (1962), *The Structure of Scientific Revolutions*, Chicago; dt. Übers.: *Die Struktur wissenschaftlicher Revolutionen*, Frankfurt 1967

Lewis, D. (1975), „Languages and Language", in: K. Gunderson (ed.), *Minnesota Studies in the Philosophy of Science*, Vol. VII, Minneapolis, S. 3–35

Putnam, H. (1975a), *Mathematics, Matter and Method. Philosophical Papers*, Vol. 1, Cambridge

Putnam, H. (1975b), *Mind, Language and Reality. Philosophical Papers*, Vol. 2, Cambridge

Putnam, H. (1978), *Meaning and the Moral Sciences*, London

Quine, W. V. O. (1951), „Two Dogmas of Empiricism", *The Philosophical Review* 60, 20–43; auch in: W. V. O. Quine, *From a Logical Point of View*, Cambridge, Mass., 1953, S. 20–46; dt. Übers. davon: *Von einem logischen Standpunkt*, Berlin 1979

Quine, W. V. O. (1960), *Word and Object*, Cambridge, Mass.

Reichenbach, H. (1965), *The Theory of Relativity and A Priori Knowledge*, California

Schilpp, P. (ed.) (1951), *Albert Einstein, Philosopher-Scientist,* New York; dt. Ausg.: *Albert Einstein als Philosoph und Naturforscher*, Stuttgart

Spohn, W. (1978), „Putnams philosophische Aufsätze“, *Philosophische Rundschau* 25, 199–217

Ziff, P. (1972), *Understanding Understanding,* Ithaca